电商直播轻松学系列

直播
文案策划与编写
从入门到精通

直播商学院 / 编著

化学工业出版社

·北京·

内容简介

《直播文案策划与编写从入门到精通》系统介绍了直播策划、标题策划、封面策划、剧本策划、内容策划、预热文案、宣传文案、"种草"文案、带货文案、热评文案的相关内容。本书不仅适合直播运营新手掌握直播文案的制作方法，快速开启直播文案制作之路；更适合拥有一定运营经验的直播运营者，提高直播的质量，快速增强直播的引流和吸粉能力，为直播带货和变现创造更好的条件。

图书在版编目（CIP）数据

直播文案策划与编写从入门到精通/直播商学院编著. —北京：化学工业出版社，2021.8（2022.9重印）
（电商直播轻松学系列）
ISBN 978-7-122-39361-6

Ⅰ.①直… Ⅱ.①直… Ⅲ.①广告文案–写作 Ⅳ.①F713.812

中国版本图书馆CIP数据核字（2021）第123544号

责任编辑：刘　丹
责任校对：杜杏然
装帧设计：王晓宇

出版发行：化学工业出版社
　　　　（北京市东城区青年湖南街13号　邮政编码100011）
印　　装：大厂聚鑫印刷有限责任公司
710mm×1000mm　1/16　印张14$\frac{3}{4}$　字数255千字
2022年9月北京第1版第3次印刷

购书咨询：010-64518888
售后服务：010-64518899
网　　址：http://www.cip.com.cn
凡购买本书，如有缺损质量问题，本社销售中心负责调换。

定　　价：68.00元　　　　　　　版权所有　违者必究

前言

随着各种新兴技术的发展，网络直播的变革进程越来越快，使得"直播+"模式的应用不断加深。自2016年以来，网络直播呈现爆发式增长，各行各业都开始尝试直播，例如电商、教育、旅行、美食等。直到今天，出现了"直播+"的概念，这表明直播行业的发展更加趋向于精细化与专业化，一个好的直播文案也显得更为重要。

如果你想在这个风起云涌的互联网时代获得一席之地，就必须紧跟时代发展。毫无目的和方向地瞎跑，不仅不能到达终点，还会迷失在这花花绿绿的世界中。于是，越来越多的人开始重视直播文案的策划与编写。

优秀的直播文案自带引流吸粉效果，只有在直播前做好充分准备，全面了解直播的最新动态，综合考虑各方面的因素，积极做好直播规划，把握直播节奏，再结合自身的实际情况，及时调整和不断改进，才能在开播时抢占先机，赢得流量。

本书从文案的基本要素出发，分两篇向读者展示直播文案策划与编写，将专业的理论知识讲解与经典案例完美融合，循序渐进地让读者掌握直播标题、封面设计、剧本规划、文案推广以及直播带货的技巧等，使读者能丰富自己的文案思路并提高文案创作能力。

学完本书，主播将能够整体把握直播风格，掌握更加规范的直播文案策划与编写方法。本书从用户与运营的角度出发，分析用户的痛点，抓住产品的卖点，目的是打造一流的产品营销文案，进一步提升产品转化率。

本书由直播商学院编著，感谢欧阳雅琪、胡杨等人在编写过程中提供的帮助。由于笔者学识所限，书中难免有疏漏之处，恳请广大读者批评、指正。

编著者

目录

文案策划篇

第 1 章 直播策划：从0到1 熟悉完整直播流程

1.1 前期策划：做好直播准备工作 / 002
  1.1.1 直播的目的定位 / 003
  1.1.2 选择直播工具 / 004
  1.1.3 选择直播平台 / 008
  1.1.4 安排直播人员 / 011
  1.1.5 确定直播时间 / 012
  1.1.6 选择直播产品 / 012
  1.1.7 准备预热策划 / 012

1.2 过程策划：直播的流程策划 / 014
  1.2.1 直播的开场介绍 / 014
  1.2.2 直播的福利介绍 / 015
  1.2.3 直播的产品介绍 / 016
  1.2.4 学会引导用户 / 017
  1.2.5 与粉丝真诚互动 / 018

1.3 收尾策划：直播观众回味无穷 / 019
  1.3.1 预告下期的计划 / 019
  1.3.2 售后服务的介绍 / 020
  1.3.3 感谢粉丝的观看 / 020

2.1 标题要点：重点关注3个方面 / 021
    2.1.1 吸睛词的表达 / 021
    2.1.2 用数字突出标题重点 / 023
    2.1.3 勿做"标题党" / 024

2.2 标题要求：好标题要这样来写 / 026
    2.2.1 标题的3大原则 / 026
    2.2.2 标题要凸显主旨 / 027
    2.2.3 标题要掌握词根 / 028

2.3 标题撰写：标题5大创作技巧 / 029
    2.3.1 流行型标题技巧 / 029
    2.3.2 借势型标题技巧 / 030
    2.3.3 提问型标题技巧 / 032
    2.3.4 语言型标题技巧 / 034
    2.3.5 要规避的标题误区 / 037

第 2 章
标题策划：
好标题更能吸引粉丝驻足

第3章
封面策划：制作吸引人的开播封面

3.1 封面选取：选最佳的直播封面图文内容 / 043
- 3.1.1 内容的关联性 / 044
- 3.1.2 账号风格特点 / 047
- 3.1.3 直播平台规则 / 048

3.2 封面制作：制作"高大上"的直播封面图文 / 049
- 3.2.1 封面图基本调整方法 / 049
- 3.2.2 制作固定封面图模板 / 053
- 3.2.3 带货封面图制作技巧 / 053

3.3 封面设置：各大平台设置直播封面方法 / 054
- 3.3.1 淘宝直播封面设置 / 054
- 3.3.2 抖音直播封面设置 / 058
- 3.3.3 拼多多的直播封面 / 059

3.4 注意事项：制作直播封面图文8大要点 / 061
- 3.4.1 尽量使用原创符号 / 061
- 3.4.2 带有超级符号标签 / 062
- 3.4.3 有效传达文字信息 / 062
- 3.4.4 展现最大景别看点 / 064
- 3.4.5 改善封面构图美感 / 065
- 3.4.6 强化视觉色彩效果 / 065
- 3.4.7 注意图片尺寸大小 / 066
- 3.4.8 默认竖版呈现 / 066

第4章 剧本策划：抓住直播用户心理满足点

- 4.1 2个节点轻松创作直播剧本　/ 068
  - 4.1.1 开播时10秒注意力　/ 069
  - 4.1.2 结束前2分钟涨粉　/ 072
- 4.2 剧本策划：看懂人性7大满足点　/ 072
  - 4.2.1 有价值的信息　/ 073
  - 4.2.2 引起用户共鸣　/ 073
  - 4.2.3 三者利益结合　/ 074
  - 4.2.4 欲望刺激消费　/ 074
  - 4.2.5 引起用户好奇　/ 076
  - 4.2.6 实现幻想生活　/ 077
  - 4.2.7 刺激用户感官　/ 079
- 4.3 剧本内容：直播过程的内容流程　/ 080
  - 4.3.1 直播宣传标签　/ 080
  - 4.3.2 直播悬念剧本　/ 081
  - 4.3.3 数字冲击视觉　/ 081
  - 4.3.4 比较突出优势　/ 082
  - 4.3.5 场景促使购买　/ 083

第 5 章
内容策划：百万级流量文案策划技巧

5.1 策划思路：增强文案的感染力 / 084
- 5.1.1 做到准确性和规范性 / 085
- 5.1.2 做到流行性和学习性 / 086
- 5.1.3 要力求定位精准 / 087
- 5.1.4 要表达个性赢得关注 / 092
- 5.1.5 要有创意激发兴趣 / 094

5.2 内容策划：让表达合用户口味 / 095
- 5.2.1 要通俗易懂减少时间 / 096
- 5.2.2 文案要删除多余内容 / 096
- 5.2.3 内容要少用专业术语 / 098
- 5.2.4 内容策划重点要突出 / 098
- 5.2.5 策划思路要清晰顺畅 / 099
- 5.2.6 内容要控制长度适当 / 101

5.3 带货文案：直播策划要强互动 / 102
- 5.3.1 开场满送聚集高人气 / 103
- 5.3.2 整点抽奖持续赢关注 / 103
- 5.3.3 问答抽奖提高积极性 / 105
- 5.3.4 限量秒杀拉高人气值 / 105
- 5.3.5 神秘黑盒制造惊喜感 / 108

6.1 海报预热：引导用户关注 / 112

    6.1.1 海报型推广预热 / 113

    6.1.2 倒计时文案预热 / 116

    6.1.3 朋友圈文案预热 / 116

    6.1.4 微信群文案预热 / 119

    6.1.5 公众号推文预热 / 120

    6.1.6 线下文案的预热 / 121

6.2 真人出境：内容口播硬广 / 121

    6.2.1 设置悬念的方法 / 121

    6.2.2 运用数字的方法 / 122

6.3 文案推广：快速提升人气 / 123

    6.3.1 同城定位推广 / 123

    6.3.2 账号主页推广 / 125

    6.3.3 保证直播频率 / 126

    6.3.4 更多曝光时间 / 127

    6.3.5 粉丝好友分享 / 127

    6.3.6 主播连麦推广 / 128

**预热文案：
让用户第一眼就产生兴趣**

112

第 7 章
宣传文案：让直播做到场场爆款

7.1 产品宣传文案：给产品足够的仪式感 / 131

    7.1.1 好文案突出品牌形象 / 131

    7.1.2 好文案呈现产品卖点 / 133

    7.1.3 价格优惠提高购买欲 / 135

    7.1.4 产品上新采用3步法 / 136

7.2 产品介绍文案：给予产品足够的尊重 / 136

    7.2.1 寻找痛点解决问题 / 137

    7.2.2 怎样突出产品卖点 / 138

    7.2.3 寻找差异展示亮点 / 139

7.3 主播宣传文案：营销自己拓展影响力 / 140

    7.3.1 将情感融于写作 / 140

    7.3.2 文字能产生共情 / 141

    7.3.3 多运用倾听逻辑 / 142

    7.3.4 直击人心的金句 / 143

    7.3.5 强化用户的认知 / 144

7.4 品牌宣传文案：充满愉悦感提升口碑 / 145

    7.4.1 深耕垂直领域 / 145

    7.4.2 表现形式丰富 / 146

    7.4.3 避免讲废话 / 149

第 8 章
"种草"文案：有效提升直播电商转化率

- 8.1 直播"种草"营销：5个步骤轻松编写 / 151
  - 8.1.1 给产品取昵称 / 152
  - 8.1.2 找到核心卖点 / 152
  - 8.1.3 内容简单直接 / 153
  - 8.1.4 产品测评体验 / 154
  - 8.1.5 "种草"品效合一 / 155
- 8.2 挖掘产品卖点：最大化地呈现价值 / 158
  - 8.2.1 挖掘产品宣传语 / 158
  - 8.2.2 突出产品的质量 / 158
  - 8.2.3 打造产品的风格 / 159
  - 8.2.4 跟随流行的趋势 / 160
  - 8.2.5 打造出名人效应 / 161
  - 8.2.6 打造企业的品牌 / 161
  - 8.2.7 关注消费的人群 / 161
- 8.3 文案激发活力：创造价值刺激购买 / 162
  - 8.3.1 文案要有画面感 / 163
  - 8.3.2 利用恐惧诉求法 / 163
  - 8.3.3 利用社会认同感 / 164
  - 8.3.4 合理化购买需求 / 166
  - 8.3.5 满足用户的需求 / 170

第 9 章 带货文案：想卖爆货的主播就别错过

171

9.1 脚本策划：开播前的准备工作 / 171
    9.1.1 脚本相关知识 / 172
    9.1.2 脚本活动策划 / 174
    9.1.3 直播节奏控制 / 176
    9.1.4 直播气氛 / 179

9.2 直播带货：销售的技巧和话语 / 183
    9.2.1 介绍法表明优势 / 183
    9.2.2 赞美法促使下单 / 185
    9.2.3 强调法强化印象 / 186
    9.2.4 示范法展示产品 / 186
    9.2.5 限时法带货技巧 / 188
    9.2.6 直播的常用话语 / 189

9.3 带货话语：6招带货效果翻倍 / 190
    9.3.1 口头用语拉近距离 / 191
    9.3.2 巧妙植入剧情模式 / 191
    9.3.3 借用金句揭秘大咖 / 192
    9.3.4 提及福利强调价格 / 192
    9.3.5 亲身试用可观可信 / 193
    9.3.6 同款对比突出优势 / 194

9.4 带货文案：赢得直播用户信任 / 195
    9.4.1 文案塑造专业形象 / 195
    9.4.2 事实力证获得用户认可 / 196
    9.4.3 借力用户打造口碑 / 197
    9.4.4 消除疑虑解答疑问 / 197
    9.4.5 扬长避短展示优势 / 198
    9.4.6 缺点转化凸显优势 / 199

9.5 直播预告：带动下期直播流量 / 200
    9.5.1 总结直播复盘产品 / 200
    9.5.2 预告下期守住流量 / 201

第10章 热评文案：永远能戳中内心的某个点

10.1 评论要点：评论区创作技巧与分析 / 203
  10.1.1 自我评论补充内容 / 203
  10.1.2 回复评论引导用户 / 204
  10.1.3 规避风险提高价值 / 205

10.2 评论创作：比直播更有趣的"神评论" / 206
  10.2.1 用热点吸引用户眼球 / 206
  10.2.2 找痛点满足用户需求 / 207
  10.2.3 寻评论痒点提高意愿 / 208
  10.2.4 用搞笑语言带来快乐 / 209
  10.2.5 展示自身才华 / 209

10.3 评论场景：打造活跃的直播评论区 / 209
  10.3.1 直播内容能够引起用户讨论 / 210
  10.3.2 设置互动话题引导主动评论 / 211
  10.3.3 直播内容门槛低且引发共鸣 / 212
  10.3.4 提问方式吸引用户回答问题 / 213
  10.3.5 场景化回复吸引用户 / 213

10.4 回复评论：6大用户评论注意事项 / 214
  10.4.1 认真回应观点 / 214
  10.4.2 寻找话题讨论 / 215
  10.4.3 点赞风趣语言 / 215
  10.4.4 细节转化粉丝 / 216
  10.4.5 切勿吐槽互喷 / 220
  10.4.6 检查评论内容 / 221

文案策划篇

第1章
直播策划：从0到1 熟悉完整直播流程

　　对于主播来说，不只文案内容很重要，直播的营销与推广、活动的策划与执行也非常重要。如果只是敷衍了事，很难获得用户的关注和追捧。本章将向大家介绍直播文案运营的相关流程：前期策划的准备工作、直播的实施和收尾，旨在帮助大家熟悉流程，掌握直播运营的策略。

1.1 前期策划：做好直播准备工作

　　在进行直播的营销推广之前，主播要做好前期策划，这样才能按部就班、循序渐进地执行直播的宣传推广工作。本节主要讲述直播的目的定位、工具、平台、人员、时间、产品及预热等，以提升主播的人气和影响力。

1.1.1 直播的目的定位

直播前期策划首先要具备的一个要素，就是确定直播的目的。做直播策划的目的有很多，如通过直播完成产品销售的业绩，或者宣传产品的品牌口碑等。只有先明确了目的，才能更好地开展后续工作。确定了目的，就要选定直播的主题，一个引人瞩目的主题是"高流量直播间"不可或缺的要素。因此，确立直播主题、找准直播定位是直播运营中最关键的一个步骤。

例如，主播想要提高产品的销售量，就将直播主题指向卖货，吸引用户立即购买；主播的目的是通过直播提升主播知名度和品牌影响力，那么直播的主题就要策划得宽泛一些，要具有深远的意义。图1-1所示为某服装品牌直播主题文案截图。该主题就是利用天猫"双十一"活动，提高产品销量。

直播流程概述	
时间安排	直播内容
时间	15:00～18:00
地点	××大厦
商品数量	40
主题	"双十一"狂欢　抢新品礼盒
大纲	主打3款（第一次循环）

图1-1　某直播主题文案截图

坚持做直播运营策划，目的在于获得比较稳定的用户，所以这类型主播在策划直播主题时，应该从自身产品的特点出发，结合同类产品特点，在文案中突出自己的优势，或者直接在直播中教授给用户一些实用的知识和技巧。这样一来，用户就会对主播或品牌产生好感，并成功成为其"铁杆粉丝"。

专家提醒

目的明确的直播，用户在看完后能得到一定的收获，还会对下次直播充满期待，这就是坚持做直播策划的目的，即为了实现销售的长久性，有目的地推广，全力吸引并留住用户。

1.1.2 选择直播工具

俗话说："工欲善其事，必先利其器。"主播除了自身的才艺和特长这些基本要求外，还要有各种硬件设备的支持，包括镜头、灯光、背景等。本小节主要介绍直播间涉及的工具以及环境的搭建，帮助新人主播打造一个完美的直播间。

在直播文案策划中，常见的直播工具有两种：一种是台式电脑或者笔记本电脑；另一种是手机。下面将为大家详细进行讲解。

（1）电脑

在4G刚刚商用普及，而移动智能设备的用户数量远没有现在这么多的时候，直播对于普通人来说，还是一个新兴的事物。从事专职直播的人群，一般都有一定的才艺技能、知识理论和经济能力，他们所采用的直播设备就是电脑。

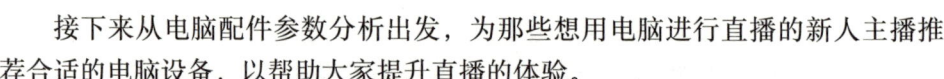

随着5G时代的到来，用户对于直播的观看效果要求越来越高，而高性能的电脑与用户体验是成正比的。一台高性能的电脑可以增强主播直播效果，避免出现卡顿、不流畅或者黑屏等情况造成用户体验不佳，进而导致直播间流量的流失。

接下来从电脑配件参数分析出发，为那些想用电脑进行直播的新人主播推荐合适的电脑设备，以帮助大家提升直播的体验。

① CPU处理器。CPU的性能越高，电脑的运行速度就越快，这样可以保证直播软件的流畅运行。一般来说选择酷睿i5或i7的处理器比较好。

② 内存条。尽量选择容量大的内存条，因为内存的容量越大，电脑的运行速度越快。对于直播需求来说，电脑内存容量建议不能低于8GB。

③ 硬盘类型。现在常用的硬盘有两种类型：机械硬盘和固态硬盘。下面是这两种硬盘各自的优缺点，如图1-2所示。

④ 显卡。体现电脑性能的又一个关键配件就是显卡，显卡配置参数的高低会影响电脑的图形处理能力，特别是在运行大型游戏以及专业的视频处理软件时，显卡的性能显得尤为重要。

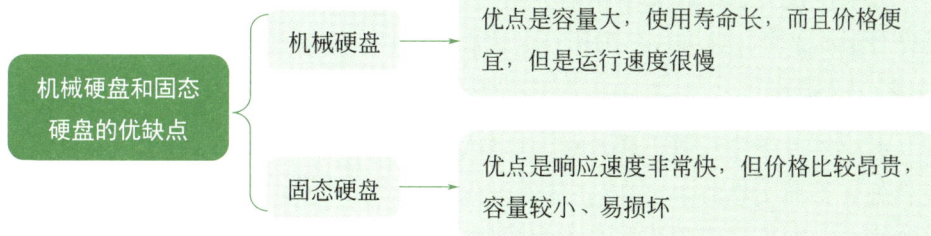

图1-2 机械硬盘和固态硬盘的比较

（2）手机

4G网络已经能够支持流畅地观看视频，5G时代，手机的网速越来越快，直播的发展前景不可估量，这也为手机直播的发展提供了必要的前提条件。图1-3所示为移动通信技术的发展。

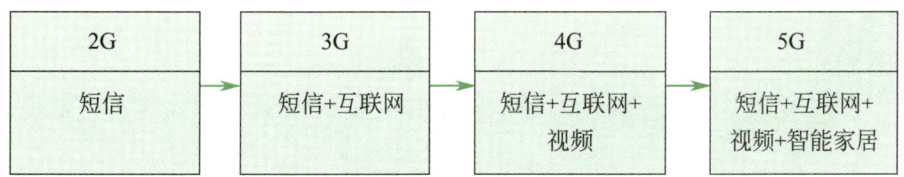

图1-3 移动通信技术的发展

手机直播适用于那些把直播当作一种生活娱乐的人或者直播新手，因为手机的功能没有电脑强大，有些专业的操作和功能在手机上是无法实现的，所以直播对手机配置的要求没有电脑那么高。

> **专家提醒**
>
> 如今，手机行业的技术和功能更新越来越快，市场也已经接近饱和，"手机饭圈化"现象十分严重，不同手机品牌，同等价位的机型，其参数配置以及功能几乎一样，只不过是换了外观和名字，一般都能满足直播的要求。

在做直播时，主播一般选择两部手机，一部用来直播摄像，另一部用来观看用户评论和弹幕。

以上就是关于电脑和手机的介绍以及选择，前期直播时要根据自身的实力选择合适的工具，这样才能为用户创造出优质且有趣的直播内容。

（3）摄像头

要想进行一场高质量的直播，单靠手机或者电脑自带的摄像头是远远不够的，外置摄像头是必不可少的设备。摄像头的功能参数直接决定了直播画面的清晰度，影响直播效果和用户的观看体验。那么，该如何选择一款合适的摄像头呢？笔者为大家总结了以下主要选购因素，以供参考和借鉴。

摄像头的基本参数一般选择最大帧数、色彩位数和视场。每秒钟的帧率越高，画面越多，直播越流畅。高帧率可以获得更清晰更逼真的效果。

色彩位数是指摄像头能记录的色调的数量。市场上的摄像头一般都能记录2^{24}种颜色，即24bit。位数越高，画面越细腻，色彩的动态范围更大。总而言之，参数越高，输出的视频分辨率也就越高，呈现的视频画质也就越清晰。

专家提醒

视场就是摄像头能拍摄的最大角度范围，视场越大，能拍摄的内容越多，有点类似于手机上的"广角"。

（4）直播支架

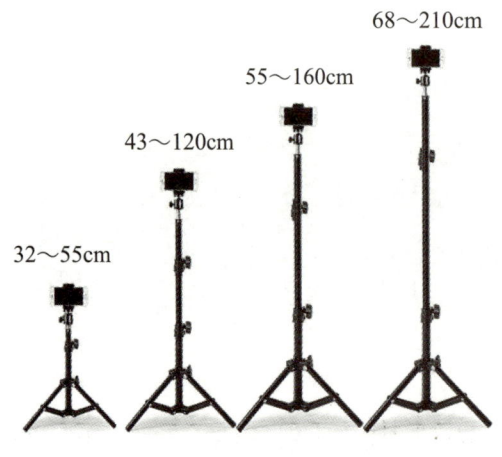

图1-4 电商平台某直播支架的介绍页面

不管是电脑直播还是手机直播，主播都不可能长时间用手拿着电容麦或手机，这时候就需要用支架来进行固定，这样能让主播更加轻松愉快地进行直播，非常实用和方便。

关于直播支架的选择，没有什么特定的产品或品牌供参考，大家可以直接去正规电商平台下单购买，直播支架如图1-4所示。

（5）创新技术

直播市场可以说是群雄逐鹿，

各种垂直化、综合化、功能化的内容平台齐驱并行。当然，这其中不乏很多创新技术，例如运营者可以通过"抖音直播伴侣"和"创梦易"等直播辅助软件，创造多种风格的虚拟卡通人物。

这种虚拟直播技术不仅支持多种夸张表情，还支持VR环境，无缝对接完全兼容。VR技术又称虚拟现实技术，就是在直播内容中可以生成一种虚拟的情境，这种虚拟的、融合多源信息的三维立体动态情境，能够让用户沉浸其中，就像经历真实的世界一样。VR技术也被广泛应用于直播带货中。例如，拥有4000多万抖音粉丝的虚拟主播"一禅小和尚"就使用的此创新技术，如图1-5所示。

（6）背景陈设

直播间背景的设计原则是简洁大方、干净整洁。因为不仅主播的外观造型是用户对直播的第一印象，直播间的背景同样也是。所以，直播间的背景墙纸或背景布的设计风格可以根据主播的人设、直播的主题和类型来选择，但注意不要过于个性化或花里胡哨，这样反而会使用户产生反感。

和直播间的背景设置一样，直播间物品的摆放也是有讲究的，房间的布置同样要干净整洁，物品的摆放和分类要整齐有序，这样不仅能够在直播时做到有条不紊，而且能给用户留下一个好的印象。如图1-6所示，直播间主要销售紧身牛仔裤和服饰，所以运营者直接将产品展示出来作为背景，陈列有序，给人以好的视觉感受。

图1-5　虚拟人物直播案例展示

图1-6　陈列有序的直播背景展示

杂乱的房间布置会给用户带来较差的观看体验，这是每一位新人主播尤其要注意的问题。

直播间物品的陈设并不是什么东西都可以随便放，一定要符合直播的风格或者类型，这样才能提升主播的专业度和直播间的档次，才会吸引更多用户观看直播，这样的直播才会有意义。关于物品的陈设可以根据直播的类型来选择和确定，例如美妆类的直播，可以放口红、散粉、眼线笔等相关产品。

图1-7所示为某销售女士鞋靴的直播间。该背景除了爆款产品，没有多余的展示，但给人以清新明亮的感觉。

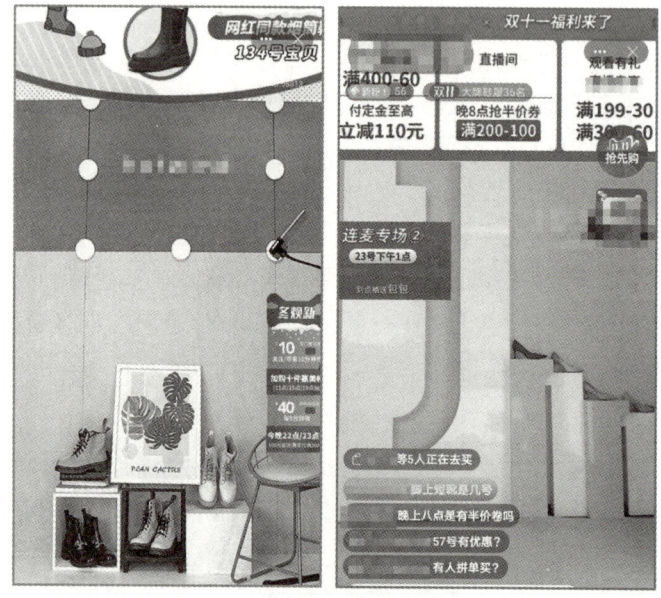

图1-7　直播间背景展示

以上介绍了直播时需要的一些工具，在进行直播策划时，运营者可以根据直播间的实际需要，列明相关的直播工具清单，有条理地做好直播前的准备工作。例如，某店铺直播必备清单：一台电脑实行数据监测，两部手机并配备两个手机支架，绿色背景墙纸，爆款产品陈列在后，直播房间风格为文艺风。

1.1.3　选择直播平台

运营者准备好直播工具之后，就可以入驻平台，成为一名主播了。每个平台都有各自的优势，在策划直播时，运营者如何在众多平台中找到最适合自己的平台呢？下面为大家介绍一下各大平台的情况，供大家参考。

（1）快手平台

快手算是最早扎根于直播分享的APP。虽然同为直播应用，但是快手和抖音的推荐机制完全不一样。抖音的火爆靠的是"马太效应"——强者恒强，弱者愈弱。就是说，在抖音上，本身流量就大的网红和明星可以通过官方支持获得更多的流量和曝光，而普通用户获得推荐和上热门的机会就少得多。

快手的创始人之一宿华曾表示："我就想做一个普通人都能平等记录的好产品。"这个恰好就是快手这个产品策划的核心主题。抖音是流量为王，快手是即使损失一部分流量，也要让用户获得平等推荐的机会。当然，也正是因为这个核心策划理念，快手才会吸引大量的中小城镇用户。

快手平台的直播与抖音平台不同，快手的流量划分会尽可能平均，采取"去中心化"的运作模式，这使得更多的普通用户得到了较好的曝光机会。同时，快手的流量部分掌握在主播的手中，这对主播来说具有很好的优势。

（2）抖音平台

抖音平台的目标用户是一二线城市的年轻人，大部分用户是"95后"和"00后"，这些用户对生活充满激情，乐于接受新事物，喜欢追逐潮流，因此抖音直播内容更加年轻时尚。而快手直播的目标用户为三四线城市的青年人，直播内容相对来说更加真实。

另外，抖音运营者发布的每一条内容，抖音审核员都可以看得到。抖音会根据直播的推荐基数（根据浏览人数、点赞和评论比例等数据设置的一个基础值），如累计观看人数、人均播放时长、点赞量、评论量、转发量、账号资料的完整度和认证情况等进行权重的计算，然后按照得分排序，决定审核的顺序。直播审核之后，会根据审核结果决定直播的推荐量。

（3）拼多多平台

无论是拼多多APP首页，还是搜索栏的搜索结果和场景广告，都可以看到多多直播入口。多多直播相对于其他直播平台，在运营上具有以下优势。

① 直播门槛低。拼多多的多多直播面向所有拼多多用户，未下过单的用户也可以通过"多多直播"进行直播带货。门槛低、规则简单、使用操作方便，拼多多APP的直播设置非常平民化。

② 拼团成功率高。拼多多一直是以沟通分享的方式，让用户将链接分享给家人朋友，从而获得低价购买的资格，而直播更是将有相同购买意向的人聚集起来，让分享范围扩大化，极大地提高了拼团成功率，如图1-8所示。

图 1-8　拼多多平台直播拼团

③ 产品性价比高。拼多多的产品定价很低,推行薄利多销的销售模式,以性价比优势吸引用户购买。因此,拼多多直播吸引了众多用户争先恐后前来观看。

另外,既然要入驻直播平台,成为一名主播,就必须做好直播策划。那么,直播策划的主要方向有哪些呢?下面以图解的形式简单介绍一下,如图1-9所示。

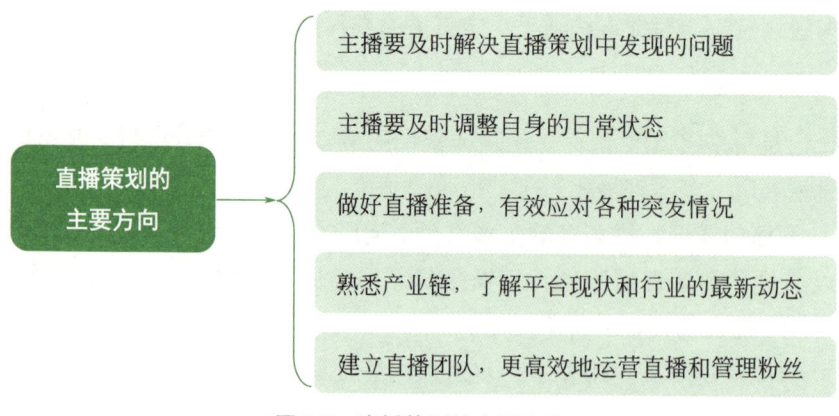

图 1-9　直播策划的主要方向

> **专家提醒**
>
> 对于新人主播来说，建议先把一个平台运营好，再考虑其他平台，这样主播的基础会更加牢固。还有一点千万要记住：不可私自同时签约两个直播平台，否则可能要支付巨额的违约金。

1.1.4 安排直播人员

对于较为大型的直播活动，个人要想独立完成是非常困难的，这时候需要组建直播运营团队，安排人员协助主播完成直播的各项工作，这样能集众人的力量把直播做得更好，同时也能减轻主播的负担。

一般来说，直播策划至少需要三个角色参与，即运营负责人、主播和主播小助理。运营负责人主要负责直播脚本策划、直播目标的制定、产品和折扣力度的选择，还有直播数据的监控及分析。

在条件允许的情况下，建议一场直播搭配两个主播。这样两个人可以相互"出梗接梗"，相对于一个人来说，两个人更自然。如果只有一个人的话，建议选择精神面貌良好、有影响力、会带节奏的主播。如果主播比较活跃，直播氛围、用户的积极性也会被带动起来。

另外，直播间还可配备一个小助理，负责回答用户的提问，引导用户下单，提前调试好直播间灯光，直播时还可以协助主播做好营销配合，及时引导用户，与用户互动，如图1-10所示。

图1-10 直播小助理引导用户互动

1.1.5　确定直播时间

在直播策划的过程中，要规划好营销的时间节点。一般而言，时间节点有两个：一个是直播的开始时间和结束时间；另一个是直播营销每个环节的时间节点。直播时间的策划有利于保证营销工作的按时进行，减少主观因素导致的工作延期。图1-11所示为某直播时间、内容以及人员策划的截图。

直播流程文案策划：120分钟直播流程设计（循环型）

时间安排	直播内容	主播安排
15:00　15:10	热场互动　～	张三三
15:10　15:40	主打3款　～	张三三（主）+李四四（助）
15:40　15:50	宠粉1款　～	张三三（主）+李四四（助）
15:50　16:20	主打3款（第一次循环）	张三三（主）+李四四（助）
16:20　16:30	宠粉1款（第一次循环）	李四四（主）+张三三（助）
16:30　17:00	主打3款（第一次循环）	李四四（主）+张三三（助）
17:00　17:10	宠粉1款（第一次循环）	李四四（主）+张三三（助）

图1-11　某直播时间、内容以及人员策划的截图

明确的时间规划，有助于主播把控直播节奏，避免某一环节太匆忙或者拖沓。另外，运营者在选取直播时间时，还要考虑目标用户的观看时间。例如，大部分用户周一至周五白天都在上班，运营者可以选择在晚上直播，周末休息时间就选择在下午进行直播。

1.1.6　选择直播产品

直播产品的选择，首先要考虑产品质量的真实性，最好是运营者亲身试用过的。自己体验过产品，就知道效果好不好，适合哪类目标用户，这样运营者向用户推荐产品时，才更有说服力。

另外，在策划直播的产品清单时，产品的选择要和账号定位相匹配。运营者应注意粉丝的累积，等粉丝群体达到一定数量时，再逐渐丰富自己的带货种类。因为这个时候运营者有了一定的知名度，无论卖什么，都会有粉丝买账。

1.1.7　准备预热策划

在进行直播预热策划时，要估算好直播预热活动的成本以及自己可以承受

的预算上限，只有弄清楚这些问题，才能评估直播推广的营销效果和后期带来的收益。如果在实际执行的过程中出现了预算超支的情况，就要通知相关人员进行调整和调查，以确保直播营销能实现利益最大化。

关于直播营销的宣传和推广，笔者根据自身的经验，总结了以下几种常见的预热方法。

（1）硬性广告宣传

硬性广告也称硬广告，是我们最常见的广告营销手段，是一种传统广告模式，即直接介绍产品内容，例如电视广告、广告牌、杂志广告等都属于硬广告。硬广告是以强制的手段强迫用户接受广告内容，很容易让人反感，特别是网络上打开网页时自动弹出的广告。虽然硬广告具有传播速度快等优点，但亦有如下一些缺点。

- 费用昂贵，广告投入的成本高；
- 数量过多且滥，同质化很严重；
- 渗透力比较弱，时效性比较差。

在采用硬广告的预热手段进行直播推广时，要注意尽量避免硬广告的缺点，发挥其优势，这样才能取得直播营销的效果。

（2）软文预热推广

软文预热就是通过间接的方式来进行广告营销，让消费者虽然看得出是在打广告，但却比较容易接受。相对于硬性广告而言，软文预热的渗透力和时效性较强，成本较低。但软文预热也略有不足，那就是传播速度和见效比较慢。

现如今，在各大企业和商家的营销推广方式中，软文推广越来越流行和受欢迎，所以在进行直播营销推广时，利用软文预热能获得不错的宣传效果。

（3）直播平台预热

在各大直播平台上，一般都会有"推送"或"提醒"的功能设置，在正式开始直播之前，可以将开播的消息直接发送给关注主播的粉丝们。这样做既能在直播平台进行预热，提高直播间的人气，吸引更多关注；又能利用这段时间做好直播的各种准备工作，如直播硬件设备的调试，以便达到最佳的直播状态。

（4）社区问答预热

利用贴吧、论坛等社区平台进行预热也是一种常用的营销推广方式，主播可以通过在这些平台上选择相关的问题进行回答，然后在答案中巧妙地留下自己的联系方式或直播链接。这样做既帮助了用户，又可以把流量引入到直播间，可谓一举两得。

1.2 过程策划：直播的流程策划

有了一个好的前期策划，如何实施直播方案，确保直播有条不紊地进行下去呢？本节主要介绍直播策划的开场技巧、直播产品及福利的介绍等，以帮助主播更好地做好直播活动的过程策划。

1.2.1 直播的开场介绍

下面就来讲解直播开场设计的5大要素，以及直播活动的开场形式，帮助主播取得直播活动的"开门红"。

（1）开场设计的要素

俗话说："好的开始是成功的一半。"直播的开场设计非常重要，直播开场给用户的第一印象，是决定用户是否继续留在直播间观看的关键。开场设计可以从以下几点着手。

① 激发兴趣。直播开场设计的第一要点就是要激发用户的兴趣，只有让用户对直播的内容感兴趣了，用户才会留下来继续观看。因此，主播可以利用幽默的语言、新奇的道具等来引起用户的兴趣。

② 引导推荐。由于直播前期宣传和平台自身所带来的流量有限，所以在直播开始时，主播需要利用现有的用户为自己拉新，以增加观看的人数，提高直播间的人气。

③ 植入广告。营销是举办直播活动的目的之一，所以在直播开场时，主播可以从以下几个方面来植入广告，渗透营销目的，如图1-12所示。

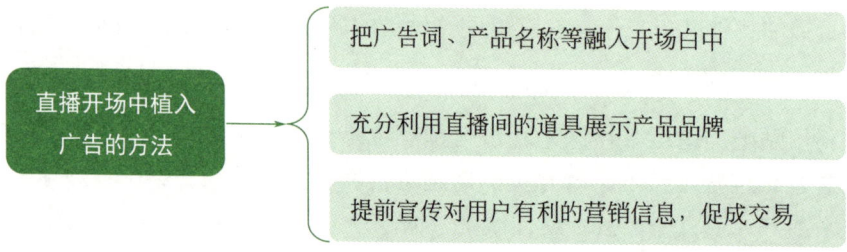

图1-12 直播开场中植入广告的方法

④ 场景带入。因为每个用户观看直播时所处的环境不一样，所以主播要利用直播开场让所有用户快速融入直播的场景之中。

⑤ 平台支持。一般来讲，各大直播平台都会对直播的资源位置进行设置和分配。图1-13所示为哔哩哔哩直播平台首页的热门直播展示。

利用直播开场快速提升人气，积极引导互动，会有概率获得平台的推荐位置，从而获得更多的流量和曝光。

图1-13　哔哩哔哩直播平台热门直播展示

（2）活动开场的形式

在直播活动策划中，一个好的开场能让你达到事半功倍的互动效果。常见的开场形式有以下几种，如图1-14所示。

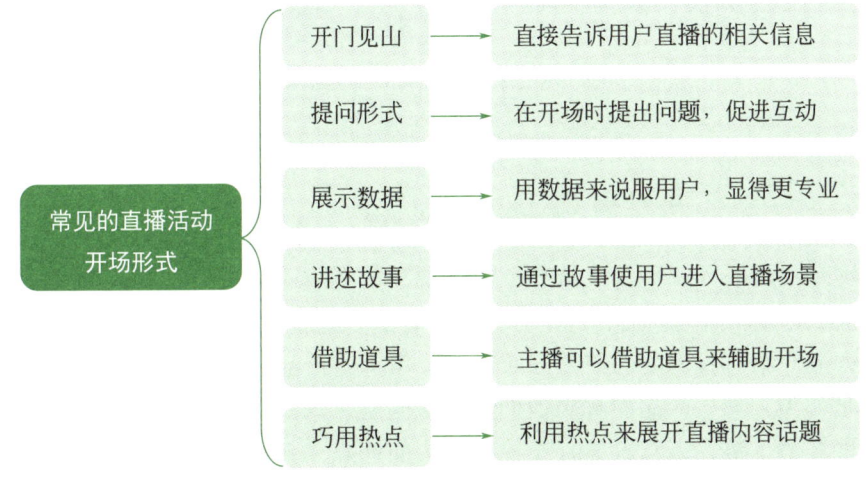

图1-14　直播活动的开场形式

1.2.2　直播的福利介绍

福利是吸引用户观看直播的关键因素之一。主播可以通过赠送福利的方式刺激用户的购买欲望，促使用户下单，提高直播间产品的销量。直播间赠送福利的方式有很多种，例如发放新人红包、关注店铺领优惠券、满减优惠、整点抽奖等，如图1-15所示，运营者都可以在直播过程策划文案中将其列出来。

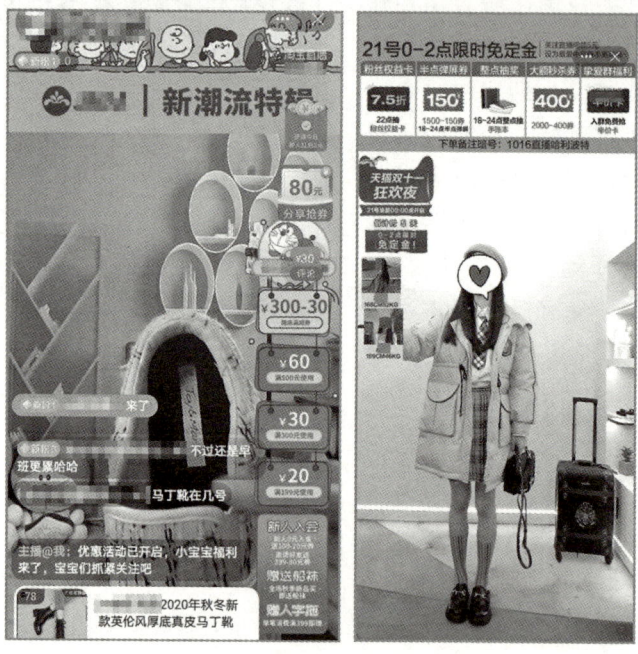

图1-15　直播间的赠送红包活动

1.2.3　直播的产品介绍

现今，直播行业不仅仅依靠流量变现，更多的还是靠用户购买产品带来效益。那么，运营者如何进行产品介绍成了直播变现的重中之重。

产品介绍时我们要想清楚三个问题：第一，产品有什么功能；第二，目标用户是哪类人群，产品能解决他们的什么问题；第三，产品与同类型产品相比有哪些竞争优势。运营者要善于挖掘用户的痛点，并与产品功能相匹配，匹配程度越高，用户对产品的好感越强，购买率越高。

为了增强直播产品介绍的说服力，运营者还要学会运用数据，简洁明了的数据可以带给用户最直观的感受，这类数据包括产品销量、线下店铺数以及用户的反馈情况等。

另外，主播的语速和语调也会影响产品介绍的效果。声音的快慢、高低不一样，用户所能接收到的信息量也不一样。一般来说，介绍产品重要信息时，语速要慢一点，语调要高一点。介绍产品次要信息时语速可以适当加快，语调低一点，让用户有个大概的印象，不需要完全记住。

除此之外，主播在介绍产品时的肢体语言也是不可忽视的。试想一下，如果主播只是干巴巴地进行解说，毫无表情，用户会不会产生厌倦心理？主播不仅可以通过语言将产品信息传达给用户，还能通过自身仪表、神态、动作等感染用户，让用户对主播产生真诚可信的印象，从而购买产品，因此主播可以将这些肢体语言也写到直播过程策划文案中去。

图1-16所示为某服饰品牌直播间。图中主播就是利用肢体语言，向用户展示产品以及用手势"比心"，表达主播对用户的喜爱。

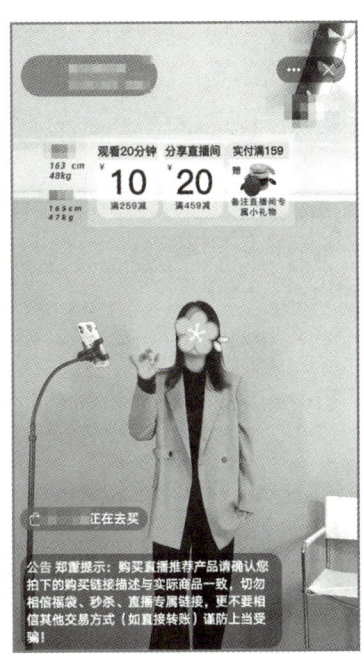

图1-16　利用肢体语言案例

1.2.4　学会引导用户

主播要懂得在适当的时候引导用户，根据自身的目的让用户为你助力。因此，主播可以根据直播的目的，用不同的话术对用户进行引导，具体内容如下。

（1）引导购买

例如："才半个小时就已经只剩一半的库存了，要买的抓紧时间下单哦！""刚进入直播间的宝宝们，可以点击屏幕的左上方，关注店铺，领取新人优惠券再进行购买哦！"

（2）引导刷礼物

例如："我被对方反超了，大家给点力，让对方看看我们真正的实力！"

例如："与对方只差一点点了，要不大家众筹一下，不能前功尽弃啊！非常感谢大家的帮助！"

（3）引导直播氛围

例如："咦！怎么直播评论区一直没有变化呢？大家能听到我的声音吗？"

例如："接下来将是压轴大戏，你们的鲜花刷得越多才有机会看到哦！"

1.2.5 与粉丝真诚互动

如果粉丝喜欢某个账号发布的内容，就可能会关注该账号，以方便日后查看该账号发布的内容。虽然关注只是粉丝表达对主播喜爱的一种方式，但是如果粉丝也得到了主播的关注，就会觉得自己得到了重视。在这种情况下，那些"互关"的粉丝就会持续关注你的直播，粉丝的黏性自然也就大大增强了。因此，互动方式是直播过程策划文案中不可缺少的内容。

直播是一场人与人之间的互动交流，所以关键还是在于人。如果经常看直播的话就不难发现，那些人气火爆、粉丝众多的主播不一定拥有很高的颜值，但是他们普遍拥有较高的情商，非常善于与人沟通交流，不管认识的还是不认识的都能说上话，而且不管粉丝在什么时间段进入直播间，都能被主播精彩的内容所吸引。

对于新人主播来讲，直播最重要的就是学会和多人互动，让粉丝时刻感受到主播的热情和走心的服务。当粉丝需要有人倾诉时，就认真听他诉说并安慰他，尽量聊粉丝感兴趣的话题，和粉丝建立共同语言。

只有把粉丝当成朋友来对待，把他们放在心上，主动去了解他们关心的事物，才能让粉丝感受到主播的真诚，从而增进彼此之间的感情，增强粉丝对主播的信任、黏性以及忠诚度。

在虚拟的网络世界，主播要想维护和粉丝之间的感情，就得靠自己的真心和诚意。粉丝之所以会给主播刷礼物、购买产品，很大一部分原因是主播的人格魅力，主播的真诚打动了他们，所以他们才会心甘情愿为主播买单。

收尾策划：直播观众回味无穷

在直播竞争环境激烈的情况下，一个好的收尾不仅能让直播内容更富逻辑性，还能让观众回味无穷，进而持续关注主播。

直播收尾是对整场直播的升华，主播可对直播所有产品进行复盘，由点及面，由表及里，对直播进行总结，这同时起到提醒用户下单的作用，不放过任何一个促进销量的机会。本节笔者就收尾策划需要注意的几个问题为大家一一解读，以帮助大家更好地进行直播策划。

1.3.1 预告下期的计划

网络直播购物已经成为一种新的消费形式，各类型直播层出不穷，如何留住用户，增加直播观看人数，是值得运营者思考的一大问题。在直播过程中，已经在直播间的用户都是我们的潜在客户，这批用户很有可能成为你的铁杆粉丝，所以为了让他们持续关注直播间，主播在收尾时，可以预告下期直播时间、地点以及爆款内容。图1-17所示为某直播间预告策划文案截图。

××直播流程概述	
时间安排	直播内容
时间	18:00～20:00
地点	
商品数量	40
主题	春日大上新　新品大抢购
预告文案	男神女神的春日时尚，相约3月14日等你来抢购

图1-17　直播间预告策划文案截图

另外，主播在收尾时，一定要提前告知用户。例如："主播还有半小时就要下播啦，还没有来得及购买的宝宝抓紧时间啦！明天同一时间不见不散，喜欢主播的宝宝可以点下关注哦！"

1.3.2 售后服务的介绍

任何一个行业的成长都会经历出现问题、解决问题的过程。直播销售不同于传统电商或实体店直接退换货的服务，直播一般是销售的第三方媒介，搭起用户与商家之间的桥梁。运营者选择商品，帮助商家卖货，提高成交率，然后从商家处抽取佣金。

主播在介绍售后服务时，可以向用户表示，当用户不满意产品时，可以直接找商家退换货，也可以由主播中间协调。这样可以加深用户对主播的好感，增加用户对主播的信任度。图1-18所示为某品牌鞋类直播间及其售后详情页面。产品售后包括寄送方式的选择、退换货服务等。

图1-18 售后服务介绍案例

1.3.3 感谢粉丝的观看

运营者表达对粉丝的感谢，也是牢牢抓住粉丝，将其留在直播间的一种方式。所有的付出都需要被看见，主播能够看到粉丝对直播间的贡献，感谢粉丝的陪伴，对粉丝来说也是非常重要的。在直播快要结束时，如果主播能用适当的话语感谢和关心粉丝，对下次直播的流量是很有帮助的。例如："本场直播即将结束啦，感谢宝宝们的陪伴，今天和大家度过了非常愉快的时光，希望下次还能遇见你们，宝宝们也要每天开心哦！"

第2章
标题策划：
好标题更能吸引粉丝驻足

> 许多用户在看某个直播时，首先注意到的可能就是标题。标题好坏将对直播的相关数据造成很大影响。那么，如何打造爆款标题呢？笔者认为必须掌握一些招式。

2.1 标题要点：重点关注3个方面

作为直播的重要组成部分，标题是运营者需要重点关注的内容。标题创作必须要掌握一定的技巧和写作标准，只有熟练掌握标题撰写的必备要素，才能写出引人注目的标题。

那么，在拟写直播标题时，应当重点关注哪些方面呢？下面就来看一下需重点关注的3个方面。

2.1.1 吸睛词的表达

标题在直播过程中举足轻重，有着无法替代的作用。标题展示着一个直播的大意、主旨，甚至是对故事背景的诠释，所以一个直播间点击率的高低，与标题有着不可分割的联系。

直播标题要想吸引用户，就必须要有点睛之处。给直播标题"点睛"是需要一定技巧的。在撰写标题的时候，运营者可加入一些能够吸引用户的词，比如"惊现""福利""秘诀""震惊"等，这些"点睛"词能够让用户产生好奇心。

例如，福利型标题是指在标题上向用户传递一种"查看这个直播你就赚到了"的感觉，让用户自然而然地想要看这场直播。一般来说，福利型标题准确把握了用户逐利的心理需求，让用户一看到"福利"这些相关字眼就忍不住想要了解直播的内容。

福利型标题的表达方法有两种，一种是比较直接的方法，另一种则是间接的表达方法，虽然方法不同，但是效果相差无几，具体如图2-1所示。

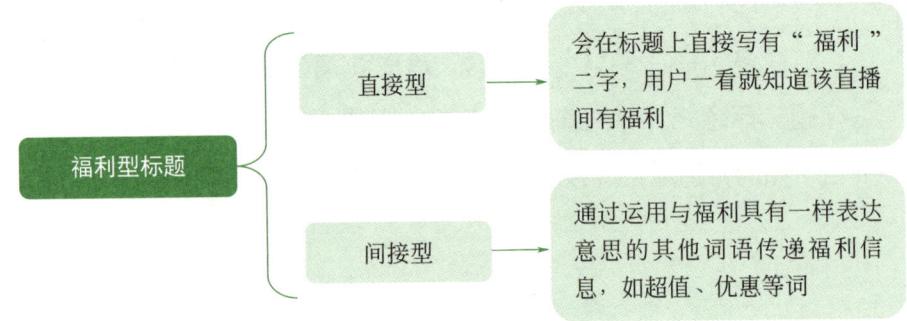

图2-1　福利型标题的表达方法

值得注意的是，在撰写福利型标题时，无论是直接型还是间接型，都应该掌握3个技巧，如图2-2所示。

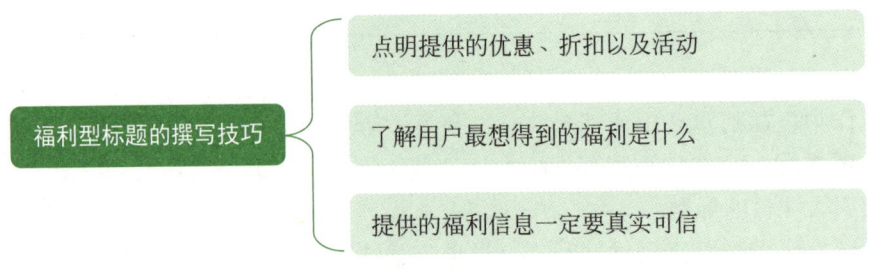

图2-2　福利型标题的撰写技巧

福利型标题通常会给用户带来一种惊喜之感，试想，如果直播标题中或明或暗地指出含有福利，你难道不会心动吗？

福利型标题既可以吸引用户的注意力，又可以为用户带来实际利益，可谓是一举两得。当然，福利型标题在撰写的时候也要注意，不要因为侧重福利而偏离了主题，而且最好不要使用太长的标题，以免影响传播效果。

2.1.2 用数字突出标题重点

一个标题的好坏直接决定了直播点击率的高低，因此，在撰写标题时，一定要突出重点，标题字数不要太长，最好能够朗朗上口，这样才能让用户在短时间内就清楚你想要表达的是什么，用户自然愿意观看你的直播了。

在撰写标题时，要注意标题用语应该简短、突出重点，切忌过于复杂。标题越是简单明了，用户在看到这样的标题的时候，越是会有一个比较舒适的视觉感受，阅读起来也更为方便。

例如，使用数字型标题就能很好地突出直播的内容重点。数字型标题是指在标题中呈现出具体的数字，通过数字的形式来概括相关的主题内容。数字不同于一般的文字，它能带给直播用户比较深刻的印象。

在直播中采用数字型标题有不少好处，如图2-3所示。

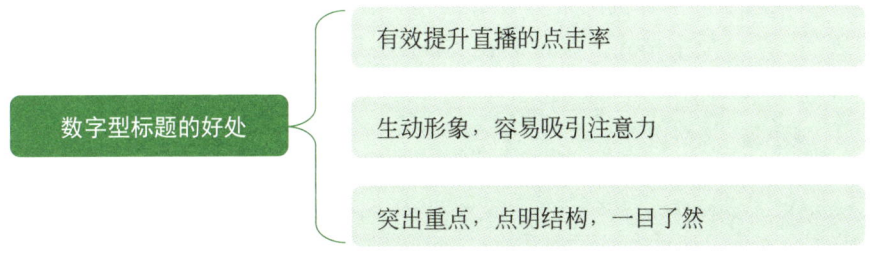

图2-3 数字型标题的好处

数字型标题也很容易打造，因为它是一种概括性标题，图2-4所示为撰写数字型标题的技巧。

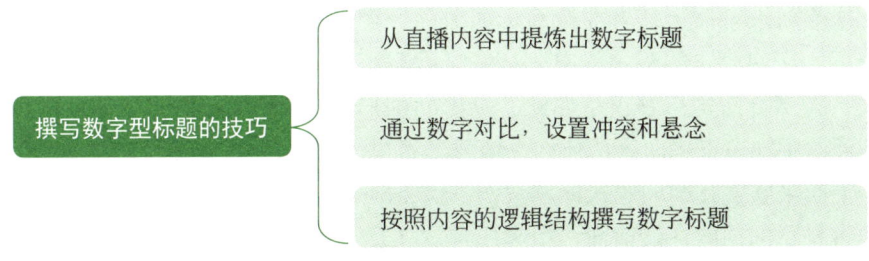

图2-4 撰写数字型标题的技巧

此外，数字型标题还包括很多不同的类型，比如时间、年龄等，具体来说可以分为3种，如图2-5所示。

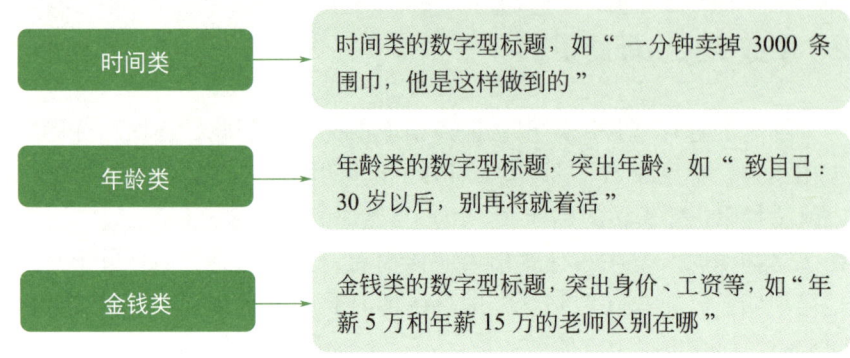

图2-5 数字型标题的类型

数字型标题比较常见，它通常会采用悬殊的对比、层层的递进等方式呈现，目的是营造一个比较新奇的情景，使用户产生视觉上和心理上的冲击。

事实上，很多内容都可以用具体的数字总结和表达，只要把想重点突出的内容提炼成数字即可。同时还要注意的是，在打造数字型标题时，最好使用阿拉伯数字，统一数字格式，尽量把数字放在标题前面。

2.1.3 勿做"标题党"

标题是直播的"窗户"，用户要是能从这一扇窗户中看到直播的主要内容，就说明这一标题是合格的。换句话说，标题要体现直播内容的主题。

虽然标题就是要起到吸引用户的作用，但是如果用户被某一标题吸引，进入直播之后却发现标题和内容联系得不紧密，或是完全没有联系，这会降低用户的信任度，甚至会让用户产生被欺骗的感觉，进而拉低直播间的点赞和转发量。

这就要求直播运营者在撰写标题时，一定要注意所写标题与内容主题的联系程度，切勿"挂羊头卖狗肉"，做"标题党"，而应尽可能让标题与内容紧密关联。疑惑自问式标题正是如此，以提问的形式将问题提出来，用户可以从提出的问题中知道直播内容是什么，增强了用户信用度。

下面来欣赏几则问题式标题案例。图2-6所示为疑问前置式标题，这一类标题通常将疑问词放在最前面，引起用户的注意。当用户看见如"为什么、如何、怎样"等一系列词语时也会产生相同的疑问，从而引导用户点开直播寻求答案。

图2-6 疑问前置式标题案例

图2-7所示为疑问后置式标题,这一类标题喜欢将疑问放在标题末尾,引起用户兴趣。人们往往对"秘诀、技巧、秘籍"等词具有很强的兴趣,人们觉得这类直播会普及一些小常识或是小知识,方便自己的生活,会抱着学习的心理去观看直播,也就增加了直播的点击率。

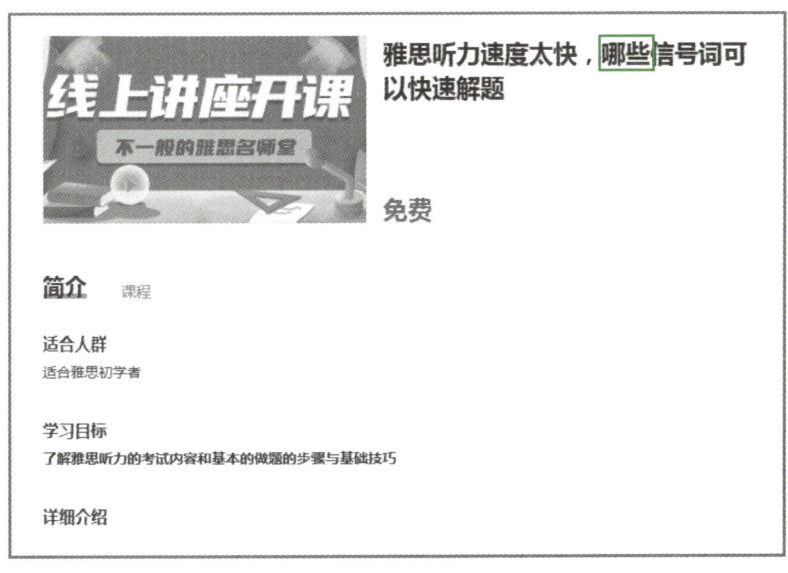

图2-7 疑问后置式标题案例

2.2 标题要求：好标题要这样来写

在互联网内容创作中，总是逃不过"标题"这个词，处处都是标题，处处都需要一个好标题。直播运营也一样，永远也逃不过写标题这个话题。直播的标题能直接决定直播的多项数据，成败有时候就得看标题。

通过前文提到的方法，确实都能大大提高标题的点击率，但是笔者觉得似乎过于技巧化，如果只是机械地利用各种手段技巧，或许能出好标题，但也可能是造垃圾。好标题是能调动情绪、制造场景的标题。

2.2.1 标题的3大原则

评判一个直播标题的好坏，不仅要看它是否有吸引力，还需要参照其他的一些原则。在遵守这些原则的基础上撰写题目，能让直播更容易上热门。这些原则具体如下。

（1）换位原则

直播运营者在拟定文案标题时，不能只站在自己的角度去想要推出什么，更要站在直播用户的角度去思考。也就是说，应该将自己当成用户，如果你想知道这个问题，你会用什么词搜索这个问题的答案，这样写出来的标题会更接近用户的心理感受。

因此，直播运营者在拟写标题前，可以先将关键词输入搜索引擎中进行搜索，然后从排名靠前的文案中找出标题的规律，再将这些规律用于自己的直播标题中。

（2）新颖原则

直播运营者如果想要让自己的直播标题形式新颖，可以采用多种方法。笔者在这里介绍几种比较实用的标题形式。

① 直播标题写作要尽量使用问句，这样较能引起人们的好奇心，比如"谁来'拯救'缺失的牙齿？"这样的标题会更容易吸引读者。

② 要尽量将利益写出来，无论是用户阅读这篇文案后获得的利益，还是这篇文案中涉及的产品或服务带来的利益，都应该在标题中直接呈现，从而增加标题对用户的吸引力，如图2-8所示。

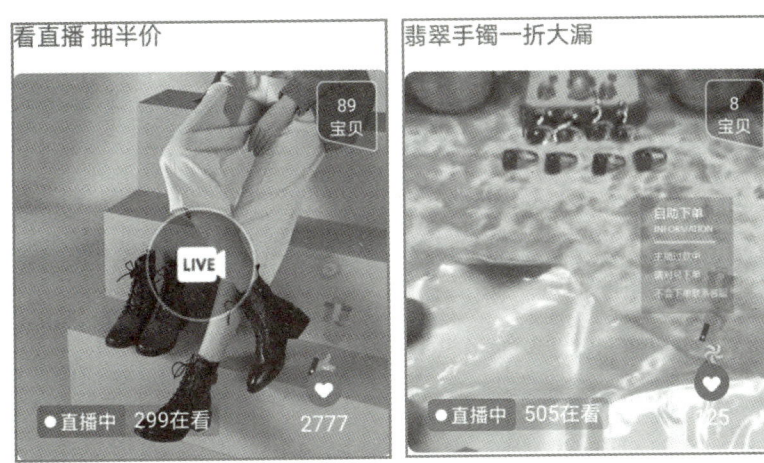

图2-8　将利益标题化案例

（3）组合原则

通过观察可以发现，能获得高流量的标题都是多个关键词组合之后的标题。这是因为只有单个关键词的标题，它的排名影响力远不如多个关键词的标题。

例如，如果仅在标题中嵌入"面膜"这一个关键词，用户在搜索时，只有搜索到"面膜"这一个关键字，直播才会被搜索出来，而标题上如果含有"面膜""变美""年轻"等多个关键词，则用户在搜索其中任意一个关键词时，标题都会被搜索出来，标题"露脸"的机会也就更多了。

2.2.2　标题要凸显主旨

俗话说："题好一半文。"它的意思就是说，标题写得好，能够激发用户的阅读欲望，则文章就成功一半了。衡量标题好坏的方法有很多，其中，标题是否体现直播的主旨是一个主要参考依据。

如果一个标题不能够做到在用户看见它的第一眼就明白它想要表达的内容，并由此得出该直播是否具有点击查看的价值，那么用户在很大程度上就会放弃观看这个直播间的内容。

直播标题是否体现直播主旨，可能会造成什么样的结果呢？具体分析如图2-9所示。

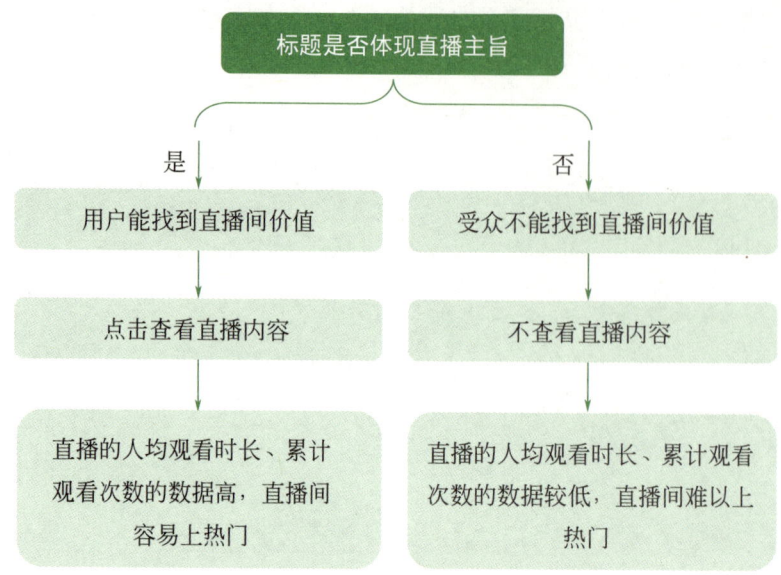

图2-9　标题是否体现直播主旨可能造成的结果分析

经过分析，大家可以直观地看出，直播标题是否体现直播主旨会直接影响直播视频的营销效果。所以，直播运营者想要让自己的视频上热门的话，在取直播标题的时候一定要多注意标题是否体现了直播主旨。

2.2.3 标题要掌握词根

前文中介绍标题应该遵守的原则时，曾提及写标题要遵守关键词组合的原则，这样才能凭借更多的关键词增加文案的"曝光率"，让自己的直播间出现在更多用户的面前。这里将给大家介绍如何在标题中运用关键词。

进行标题编写时，直播运营者需要充分考虑怎样去吸引目标用户的关注。而要实现这一目标，就需要从关键词入手。要在标题中运用关键词，就需要考虑关键词是否含有词根。

词根指的是词语的组成根本，只要有词根我们就可以组成不同的词。直播运营者在标题中加入有词根的关键词，文案在搜索中出现的概率将提高。

例如，一个直播标题为"十分钟教你快速学会手机摄影"，这个标题中"手机摄影"就是关键词，而"摄影"就是词根，根据词根我们可以搜出更多的与摄影相关的标题。

2.3 标题撰写：标题5大创作技巧

本节将详细讲解各类直播标题的创作技巧和需要注意的误区，帮助新人主播提高直播间的点击率。

2.3.1 流行型标题技巧

流行型的直播标题就是将网上比较流行的词、短语、句子，如"我不要你觉得，我要我觉得""我太难了""硬核""柠檬精""宝藏男孩"等嵌入直播标题中，让用户一看就觉得十分有新意，或者很搞笑奇特。

根据某些网友平时讨论比较多的热点话题打造文案，直播用户对这类文案是比较喜欢的。所以紧扣热点的直播标题能增加短视频的点击量，获得用户的点赞和评论。很多观众都非常喜欢《鬓边不是海棠红》这部剧，有网友利用这一热点策划了直播标题，如"淡黄的长裙"就是一个非常流行的短语。直播一直以来都是比较火的，把热播的电视剧和当下流行的元素结合，制造新的看点，利用人们对热点的记忆刺激好奇心。

在撰写直播间标题的时候，光抛出一件事情或一句话有时候是不够的，用户有时候也需要引导和给出一些简单明了的指示，这个时候，在标题中切入"这""这些"就显得十分有必要了。"这""这些"和"这就是"都是指向性非常明确的关键词，在直播间标题中恰当运用，对提升直播间的点击率效果明显，如图2-10所示。

图2-10 "这"直播标题案例

在标题里应用这些词的原理也很简单。举个例子，比如有人告诉你某个地方正在发生一件很奇怪的事情，当你想知道到底是什么奇怪的事情时，他只跟你说在哪里发生的，却不将这件事情仔细地讲给你听，最终你还是会自己去看看到底是什么奇怪的事情。这一类带有"这""这些"的标题就是以这样的方式来吸引用户的。

在直播标题中嵌入"这里有"的目的性也很明确，就是告诉用户这里有你想知道的内容，或者这里有你必须要知道的内容，促使用户点击直播间。

这一类标题大都是采用自问自答又或者是传统式的叫喊，比如"这里有你想要的气质美""大码爆款T恤这都有""这个直播间有1元福利"之类的。这种标题无需太多技巧，只需适当地点出用户想要的就可以了，避免了其他形式标题的弯弯绕绕，又不会出太大的差错。

2.3.2 借势型标题技巧

借势主要是借助热点以及时下流行的趋势来进行传播，借势型标题的撰写具有以下几个技巧。

（1）借助热点

热点最大的特点就是关注的人多，所以巧借社会热点写出来的直播标题，其关注度和浏览量都会提高。那么，我们应该如何寻找并利用热点呢？

主播平时可以多关注明星的动态、社会事件以及国家新出台的政策等，然后将这些热点与直播的主题内容结合起来，这样能吸引那些关注和讨论这些热点的用户的兴趣和注意力。

图2-11所示为借助长江武汉段热点的直播标题案例。从空中俯瞰长江武汉段，欣赏祖国大好河山，吸引了一批又一批观众前来观看，直播间累计观看人数高达83万，成为直播界的又一个热点。

图2-11 借助热点的直播标题案例

又例如，《一人之下》动画片是改编自米二的同名漫画，自开播以来受到广大观众的喜爱和追捧，形成了一个非常火热的超级IP。2020年5月27日，《一人之下》手游在全平台上线，引起IP粉丝的高度关注。所以，主播就以《一人之下》手游的名字作为直播的标题，做一场新游戏试玩的直播评测，借此吸引该IP粉丝的兴趣和关注。

（2）借助流行

很多主播在撰写直播标题时经常会借用一些流行元素，以此来引发用户的情感共鸣，达到让用户点击的目的。流行元素有点类似于"彩蛋"，"彩蛋"就是那些在内容作品中如果不仔细寻找就可能被忽略的有趣细节，它的作用就是给观众或读者制造意外的惊喜。

常见的流行元素有流行歌词或电影中的经典台词。如图2-12所示，这个直播标题就是采用了流行元素。"陪伴是最长情的告白"，出自某著名男歌手的流行歌曲《陪你度过漫长岁月》，当用户看到直播间的标题时，很可能会情不自禁地想起这首歌，从而激发用户无限的情怀和情感共鸣。

图2-12 借助流行元素的直播标题案例

"初识不知曲中意，再听已是曲中人"，看到这几个字你会不会想起某著名女歌手的《后来》，你曾经是不是也错过了什么，当时不懂得，事情发生过后才恍然大悟。利用这些流行元素更容易引起直播用户的情感共鸣，从而激发出用户想要进入直播间看一看的兴趣。

（3）借助名人

名人具有一定的影响力，特别是娱乐明星，所以企业在发布新产品的时候，通常会请比较出名的明星来代言，借助名人的影响力或明星的流量来增加新产品的热度和宣传效果。借助名人的影响力可以大大提高直播间的人气，为主播直播带货助力。

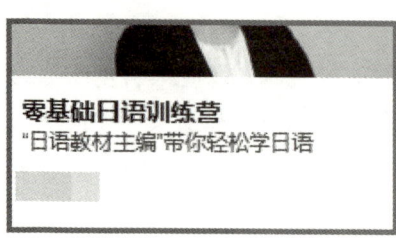

图2-13 借助名人的直播标题案例

还有一些直播公开课主播，他们是各自领域里的佼佼者。有些想要分享自己的经验，进一步提高自己的人气。图2-13所示为一名日语教材主编的直播公开课。

借助名人的影响力一般有两种情况，一种是在直播标题中直接用名人的名字来命名，另一种是请名人来直播间做嘉宾参与直播。

（4）借助方案

通过方案借势来打造或推广品牌是非常有效，尤其是在大品牌中运用方案借势的效果更为明显。大品牌用方案来为直播造势的例子有很多，比如"双十一狂欢购物节""520告白节""京东618"等。

图2-14所示为某品牌借势中秋节策划的活动方案的标题案例。

图2-14 借势的标题案例

2.3.3 提问型标题技巧

2.1.3列举了两个疑问标题案例，说明了疑惑自问型标题能将内容与标题紧密联系起来，提高用户的信任度。接下来将重点介绍提问型标题的类型以及使用方法。

（1）疑问句式

疑问句式的标题效果主要表现在两方面：一是疑问句式中所涉及的话题大多和用户关系比较密切，所以用户的关注度比较高；二是疑问句式本身就能够引起用户的注意，激发其好奇心，从而促使用户点击直播。

疑问句式的直播标题都有一些比较固定的句式，它们通常都是提出某个具体的问题让用户反思，当用户对此产生兴趣和好奇心之后，就有想到直播间寻找原因和答案的冲动，这样无形之中就提高了直播的点击率，如图2-15所示。

图2-15　疑问句式的直播标题案例

上面案例中的直播标题为"八月瓜你吃过吗"，这是一个常见的疑问句式，用户看到这个标题时不禁也在思考，图片中的八月瓜我吃过吗？就会对主播的直播内容感到好奇，从而产生了点进去看一看的想法。

（2）方式提问

"如何"的意思就是采取什么样的方式或方法，运用"如何"式的提问型标题有利于帮助用户解决实际问题。

例如，某直播间的标题为"中高考英语单词、语法、技巧，如何快速突破"，对英语基础薄弱并想提升自己英语水平的人来说，该直播间就有很大的吸引力。这样的标题能精确匹配直播的目标人群，帮助主播快速找到自己的目标用户。

（3）反问标题

反问句是一种特殊的疑问语句，其作用是加强语气，将这样的句式运用到直播的标题中能引发用户反思，给用户留下深刻的印象。反问句常见的句式大都是否定反问句，表示肯定的意思。图2-16为反问句型的直播标题案例。

图2-16　反问句型的直播标题案例

从上面的直播标题案例中我们可以看出，主播通过"秋冬不来一双靴子吗？"的反问，来明确地表达"秋冬要来一双靴子"的观点和态度。反问句式的直播标题有强调的作用，能加强语气和气势，更能引起用户的注意和兴趣，还有引发用户反思的作用。

（4）"文题相符"

"文题相符"是指标题中所提的问题要和直播的内容相符合。主播要保证标题和内容的相关性，不能做恶性的"标题党"。恶性"标题党"为了吸引用户的注意力，写与内容无关的标题，这样做既欺骗了用户，也浪费了用户的时间。

2.3.4　语言型标题技巧

语言型标题，即利用修辞手法提升标题语言的表达效果。下面就来详细讲解语言型标题在直播间的各种运用。

（1）比喻

在内容写作中，经常使用的比喻修辞手法有明喻、暗喻和借喻，具体内容如图2-17所示。

3种比喻类型
- 明喻：即本体、喻体和比喻词都存在，如A像B
- 暗喻：本体和喻体出现，比喻词不出现，如A是B
- 借喻：本体和比喻词不出现，借用喻体代替本体

图2-17　3种比喻类型

（2）拟人

拟人是将事物人格化，即把原本不具备人的一些特点的事物比喻成人使其具有人的外表、个性或情感。运用拟人的修辞手法可以使描写的事物更加生动形象，具有生命力，把人以外的物当成人来写，使之具有人格化特征，使事物具体化，更能直观地感受事物的形态特征，更加生动形象，更容易让观众理解。

例如，某直播间的标题为"深夜的风吃掉了我对你的欢喜"，很明显风是做不出"吃"这个动作的，这里运用拟人的修辞手法，将风人格化了，使得直播标题更加新颖且有创意，更加吸引用户。

（3）对偶

对偶也称为对仗，是指字数相称、意思相近、对仗工整的句子。这样的句子前后联系十分紧密，不可分割，在文学创作上经常用到。对偶的运用能使句子结构更富有层次感，韵味十足，更能吸引人的注意。

对偶式的标题节奏感很强，读起来朗朗上口，且易于记忆，所以这也使得直播标题更容易传播和推广，从而达到提升直播间人气和点击率的目的。

在直播标题上运用对偶句式时需要注意：每个短语或者句子的字数不能太长，因为直播标题的字数有限制，太长也会让用户读起来比较拗口，容易产生视觉疲劳，降低用户的体验感。所以，主播在撰写对偶式的直播标题时，字数要尽量精简、凝练，这样才能给用户比较好的视觉感受。

某直播标题为"手快有，手慢无"，通俗易懂，对仗工整，读起来朗朗上口，富有节奏感，且带着一点紧迫的感觉，促使用户赶快进入直播间下单，不然就没有了，是典型的对偶式标题。

（4）谐音

谐音是用同音或近音字来取代本来的字，以产生趣味的修辞手法。这种手法经常被应用于创意广告的文案中，用来吸引用户。

在直播标题中使用谐音同样能让标题更加形象有趣，大大提高标题的吸引力和受关注度，而且也能让用户明白主播想要表达的意思。

（5）幽默

幽默与单纯的搞笑有很大的不同，幽默当中的搞笑，让人在发笑的同时，又能让用户感受到主播想要表达的字面以外的意思。

幽默式标题通常以出其不意的想象和智慧让用户忍俊不禁，在使直播间标题吸引人的同时，还能让人印象深刻，激发用户观看直播间的兴趣。用到幽默式标题，不仅能够让用户会心一笑，还能让用户在笑过之后理解主播话里更深层的意思，达到主播预期的目的。

（6）典故

在直播间中运用历史故事尤其是历史典故，能够让直播变得更加出彩。所采用的历史人物或者故事也大都是家喻户晓或者流传度比较高的，因而推广起来不会有难度。尤其是在视频广告之中，历史人物或者故事的运用案例更是不胜枚举。运用历史故事来推行或宣扬品牌能起到"水中着盐，饮水乃知盐味"的效果。

在直播标题当中恰当地应用典故，能让标题更有说服力，更引人注目。虽然直播标题里面的典故都是用户很熟悉的，但因为有创新，所以可以再次吸引用户的目光。

另外，要想把典故与产品更好地结合起来，需要选一个和直播主题有联系的典故。主播在撰写标题的时候，恰当引用合适的典故，能够使标题更富有历史趣味性，用户在咀嚼历史的时候，又能从中得到更多的含义。

> **专家提醒**
>
>
>
> 例如，直播平台上关于三国题材的游戏视频，标题为"三顾茅庐"，这个典故可谓是家喻户晓，尤其是对看过《三国演义》小说和对历史感兴趣的人来说更是烂熟于心。采用这个典故作为直播视频的标题，意在告诉用户视频中的游戏内容是和"三顾茅庐"这段历史有关的，这样能吸引对此感兴趣的用户点击观看。

2.3.5 要规避的标题误区

在撰写标题时，运营者还要注意不要走入误区，标题失误会对直播的数据造成不利的影响。本小节将从标题容易出现的6大误区出发，介绍如何更好地打造直播标题。

（1）表达模糊：降低用户对内容的期待

在撰写标题时，要避免为了追求标题的新奇性而出现表述含糊的问题。很多运营者为了使标题能吸引更多的用户，一味地追求标题的新奇，这可能导致标题的语言含糊其词。

何为表述含糊？"含糊"是指表达方式或表达的意义模棱两可。标题上表述"含糊"，如果只看标题，用户完全不知道运营者想要说什么，会让用户觉得标题很乱，完全没有重点。

因此，在撰写标题时，直播运营者尤其要注意标题表达的清晰性，重点要明确，要让直播用户在看到标题的时候，就能知道直播内容大致讲的是什么。一般来说，要想将标题表述清晰，就要做到找准内容发重点，明确内容中的名词，如人名、地名、事件名等。

如果要避免出现表达模糊的标题错误，建议运营者可以多采用观点型标题。观点型标题以表达观点为核心，一般会在标题上精准到人，并且把人名镶嵌在标题之中。值得注意的是，这种类型的标题还会在人名的后面紧接其对某件事的个人观点或看法。

观点型标题比较常见，而且可使用的范围比较广泛，常用公式有5种，如图2-18所示。

图2-18 观点型标题的常用公式

当然，公式是一个比较刻板的东西，在实际的标题撰写过程中，不可能完全按照公式来做，只能说它可以为我们提供大致的方向。那么，在撰写观点型标题时，有哪些经验技巧可以借鉴呢？笔者的总结如图2-19所示。

```
观点型标题的撰写技巧 ┬─ 观点的提炼要突出重点，击中要害
                    ├─ 标题可适度延长，确保观点表达完整
                    └─ 观点的内容要与文章的内容保持一致
```

图2-19 观点型标题的撰写技巧

观点型标题的好处在于一目了然，"人物+观点"的形式往往能在第一时间引起用户的注意，特别是当人物的名气比较大时，能更好地提升文章的打开率。

（2）无关词语：不适于账号长期运营

一些直播运营者为了让标题显得更加有趣，会使用一些与标题没有多大联系，甚至是根本没有关联的词夹杂在标题之中，想借此吸引其他用户的注意力。

这样的标题可能在刚开始时能引起用户的注意，用户被标题所吸引而点击查看内容。但时间一久，用户便会拒绝这样随意添加无关词的标题，这种影响对于直播间来说是长久的。所以，直播运营者在撰写标题时，一定不要将无关词用到标题当中去。

在标题中使用的无关词也分很多种类型，如图2-20所示。

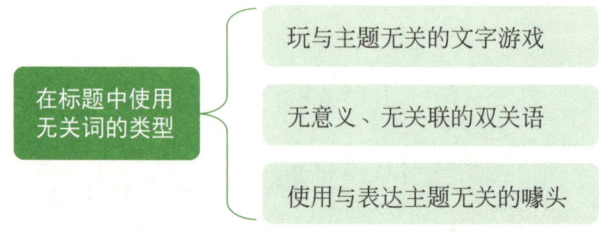

图2-20 标题中使用无关词的类型

运营者不能为了追求标题的趣味性就随意乱用词语。而应该学会巧妙地将词与标题的内容紧密结合，使词和标题融会贯通，只有这样，才算得上是一个成功的标题。

（3）负面表达：使用户出现"趋利避害"心理

撰写一个标题，目的在于吸引用户，只有标题吸引到了用户的注意，用户

才会想要去查看直播的内容。正因如此，标题出现了一味追求吸睛而大面积使用负面表达的情况，这样不利于提高直播的吸引力。

专家提醒

人天生都愿意接受好的东西，而不愿意接受坏的东西，趋利避害是人的天性，无法改变。这一情况也提醒着运营者，在撰写标题时要尽量避免太过负面的表达方式，要用正面的、健康的、积极的方式表达出来，给用户一个好的引导。

图2-21所示为直播间标题中选用"助力奥运健儿""让世界爱上中国造"等带有正面含义的表达，给人传达一种爱国的正能量，更容易引起用户的共鸣。因此，想让直播内容和产品更容易被用户接受，一个健康向上的标题是必不可少的。

图2-21　正面表达的标题案例

警告型标题也是避免负面表达的一个很好的例子。警告型标题常常通过发人深省的内容和严肃深沉的语调给用户以强烈的心理暗示，从而给直播用户留下深刻印象。这类标题常常被很多直播运营者所追捧和模仿。优秀的标题应该是简洁、重点突出、适合内容、适合媒介、适合目标群体的，形式上不花哨，更不啰唆。

警告型标题是一种有力量且严肃的标题，也就是通过标题给人以警醒作用，从而引起直播用户的高度注意，从而提高点击率。它通常会包含以下3种内容，如图2-22所示。

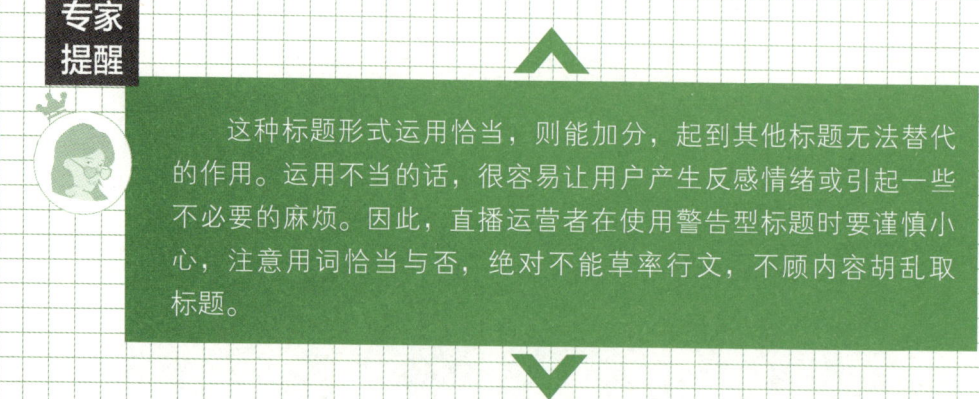

图2-22　警告型标题包含的内容

在运用警告型标题时，需要注意标题与其对应的内容是否匹配恰当，因为并不是每一个直播间都可以使用这种类型的标题的。

> **专家提醒**
>
> 这种标题形式运用恰当，则能加分，起到其他标题无法替代的作用。运用不当的话，很容易让用户产生反感情绪或引起一些不必要的麻烦。因此，直播运营者在使用警告型标题时要谨慎小心，注意用词恰当与否，绝对不能草率行文，不顾内容胡乱取标题。

（4）虚假自夸：对用户造成误导和欺骗

直播运营者在撰写标题时，虽说要用到文学中的一些手法，比如夸张、比喻等，但这并不代表就能毫无底线地夸张，把没有的说成有的，把虚假说成真实。例如，在没有准确数据和调查结果的情况下冒充"第一"是不可取的。

直播运营者在撰写标题时，要结合实际情况进行适当地艺术修饰，不能随意夸张，胡编乱造。如果想要使用"第一"或者意思与之差不多的词语，不仅要得到有关部门的允许，还要有真实的数据做依据。如果随意使用"第一"，不仅会对直播用户造成欺骗和误导，法律也是不允许的。

（5）比喻不当：使标题失去存在意义

比喻式的文案标题能将事物变得更加具体和生动，具有化抽象为具体的强大功能。所以，采用比喻的形式撰写标题，可以让用户更加清楚地理解标题或者运营者想要表达的思想和情绪。这对于提高直播的相关数据能起到十分积极的作用。

但是，在标题中运用比喻，也要注意比喻是否得当的问题。一些运营者追求用比喻式的直播标题来吸引用户目光，常常会出现比喻不当的情况，也就是指本体和喻体没有太大联系，甚至毫无相关性。

一旦比喻不当，用户就很难从直播标题中获取自己想要的内容，标题也就失去了它存在的意义。这不仅不能被用户接受和喜爱，还可能因为比喻不当，让用户质疑和困惑，反而影响直播的传播效果。

（6）强加于人：使用户产生抵触心理

在撰写标题时，"强加于人"就是指直播运营者将本身或者某一品牌的想法和概念植入标题中，强行灌输给直播用户，给用户一种盛势凌人的感觉。

例如，当你看到标题"肉一定要吃辣的"，你是否会想"我吃肉是吃辣的吗？"要知道，各个地方的风俗习惯不一样，个人的习惯也不一样。例如，浙江、广东等沿海地区的人们大多喜吃甜食，肉类制品也不例外。当标题加了"一定要吃辣的"势必会流失掉那部分不喜吃辣的用户。

又如，标题中出现"必须"这类字眼，会给用户带来不好的阅读体验，用户可能会出现逆反心理而拒绝看直播。

当一个标题太过盛气凌人的时候，用户不仅不会接受该标题所表达的想法，还会产生抵触心理——越是让用户看，这些用户就越不会看；越是想让用户接受，用户就越不接受。如此循环往复，最后受损失的还是运营者自己，或者是某品牌自身。例如，有的营销文案的标题，像"如果秋冬你只能买一双鞋，那必须是它""今年过节不收礼，收礼只收洁面仪！"等标题内容，就是"强加于人"的典型标题案例。

与强加于人相反的是急迫型标题。因为很多人或多或少都会有一点拖延症，总是需要在他人的催促下才愿意动手做一件事。富有急迫感的标题就有一种类似于催促用户赶快查看直播的意味在里面，它能够给用户传递一种紧迫感，但又不会感到步步紧逼。

使用急迫型标题时，往往会让用户产生现在就会错过什么的感觉。这类标题具体应该如何打造呢？笔者将相关技巧总结如图2-23所示。

```
                    ┌─ 在急迫之中结合用户的痛点和需求
 打造急迫型标题的技巧 ┼─ 突出显示文章内容需要阅读的紧迫性
                    └─ 加入"赶快行动""手慢无"等词语
```

图2-23　打造急迫型标题的技巧

急迫型标题，是促使用户行动起来的最佳手段，也是切合用户利益的一种标题打造方法。图2-24所示为急迫型标题的典型案例。"抢""秒杀"这类标题往往给人们一种急迫感，给人们一种"再不买就没有了"的心理暗示。

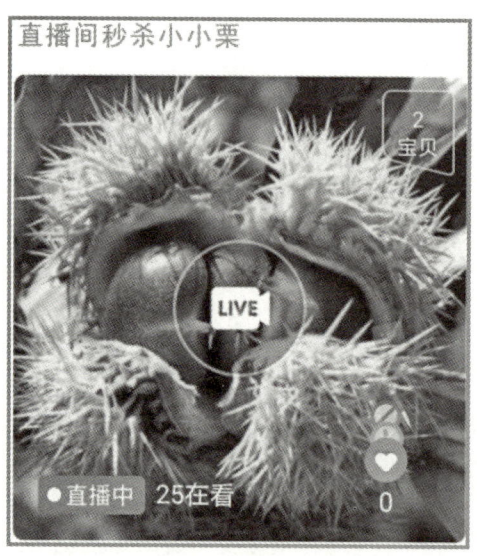

图2-24　急迫型标题案例

第3章
封面策划：
制作吸引人的开播封面

在大多数直播平台上，用户看一个直播，首先看到的就是该直播的封面。

因此，对于直播运营者来说，设计一个抓人眼球的直播封面尤为重要，毕竟只有将封面图设置好了，才能吸引更多用户点击查看直播内容。

封面选取：选最佳的直播封面图文内容

封面对于一个直播来说是至关重要的，因为许多直播用户都会根据封面呈现的内容，决定要不要点击查看直播的内容。那么，如何为直播选择最佳的封面图片呢？笔者认为重点可以从以下3个方面进行考虑。

3.1.1 内容的关联性

如果将直播比作文章，那么，直播的封面相当于文章的标题。所以，在选择直播封面时，一定要考虑封面图片与直播的关联性。如果直播封面与直播内容的关联性太弱，那么就像写文章一样会有"标题党"的嫌疑，或者是让人觉得文不对题。这样用户看完直播后会产生不满情绪，甚至会产生厌恶感。

其实，根据与内容的关联性选择直播封面的方法很简单，运营者只需要根据直播的主要内容选择能够代表主题的文字和画面即可。

图3-1所示为一个花坊店铺的直播封面。这个封面在根据内容的关联性选择封面方面就做得很好，因为它直接呈现的是各式各样的花朵，颜色绚丽多彩，正好呼应了标题中的"七彩"。这样一来，直播用户看到封面之后就对这个直播间要展示的内容有了清晰准确的了解，然后可以根据自己的需求进行选择。这种一目了然的直播封面深受用户喜爱。

图3-1 根据与内容的关联性选择的封面图

外表总是能影响一个人的第一印象，美的事物总是更能抓人眼球，人们对于美的事物都更具有好感，因此好看的封面更能吸引用户点击。那么，直播间的封面要怎么选，具体应该怎么设置？接下来给大家介绍一下常见的直播封面类型。

第一种为自拍或者个人写真，如图3-2所示。这样的封面一般适合秀场主播、美妆主播等，这一类型的封面图可以让用户直接通过封面选择主播，便于用户选择喜欢的主播并点击直播间。

图3-2 个人写真作为直播封面

第二种是游戏的画面,通常为游戏直播的封面,如图3-3所示。

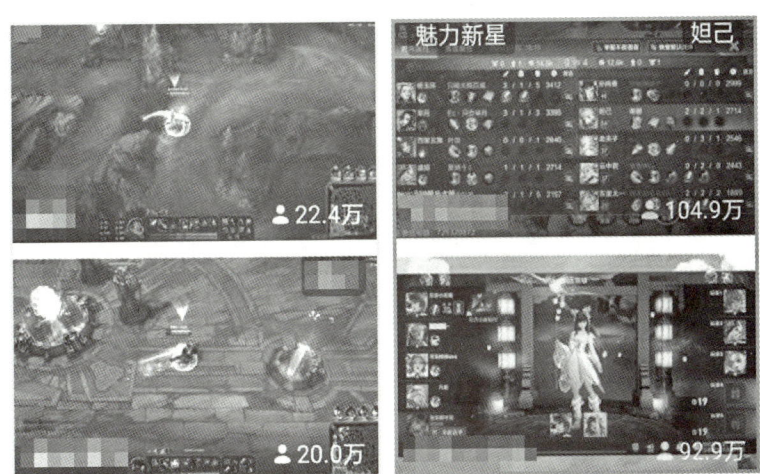

图3-3 游戏的画面作为直播封面

第三种为游戏的海报或者动漫人物的海报,如图3-4所示。这类多为带有二次元属性的游戏或者主机游戏,甚至是一些动漫衍生的手游,这一类型的封面在哔哩哔哩直播平台上较为常见。

第四种,绘画类的直播可以直接用作品作为封面,如图3-5所示,这样更有利于让用户了解主播的画风以及绘画水准,吸引相同爱好者观看。

第五种为电商类的直播封面,通常要重点展示产品。带货主播需要让用户知道直播带货的产品是什么,可以是美妆产品、服装产品等。

图3-4 动漫人物作为直播封面

图3-5 绘画作品作为直播封面

  如果是美妆带货主播,直播间的封面可以选择妆后的照片,一般为个人写真。以蘑菇街购物台为例,该小程序的直播封面通常为主播的照片加上带货的商品,如图3-6所示。

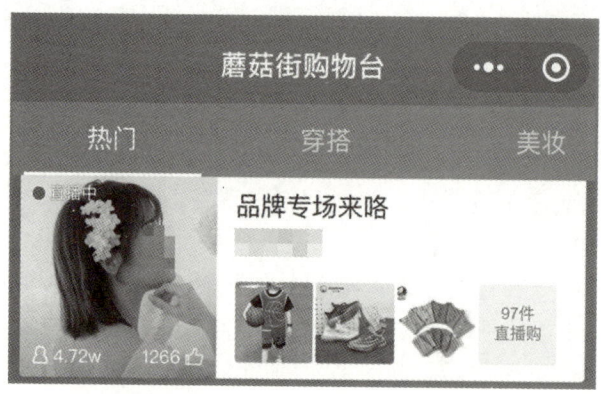

图3-6 带有产品提示的电商直播封面

总的来说，直播封面的类型有5种，接下来以图解的方式呈现出来，方便大家更好地理解，如图3-7所示。

直播封面的5大类型 包括：
- 自拍或者个人写真类直播封面，简单直接
- 游戏画面类直播封面，吸引爱玩游戏的用户
- 动漫人物或游戏海报类直播封面，主题明确，别具一格
- 绘画类直播封面，突出绘画水准，增加点击率
- 电商类直播封面，展示产品，刺激用户购买

图3-7 直播封面的类型

3.1.2 账号风格特点

一些直播账号在经过一段时间的运营之后，直播封面可能已经形成了自身的风格特色，而直播用户也接受了这种风格特色，甚至部分直播用户还表现出对这种直播封面风格的喜爱。那么，直播运营者在选择封面时就可以延续自身的风格特色，也就是根据账号以往的风格特色来选择封面图片。

例如，李××在直播中有一句口头禅"Oh my god！（我的天哪）"，这句话也成了他的一种标志。因此，李××发布的直播封面中都会显示"Oh my god！"的缩写，即"OMG！"。另外，他的直播封面中还会呈现自己个人形象照。所以，"OMG！"和个人形象照就成了李××直播封面的必备要素，如图3-8所示。

图3-8 李××的直播封面

3.1.3 直播平台规则

许多直播平台都有自己的规则,有的直播平台会将这些规则整理成文档进行展示。对于直播运营者来说,要想更好地运营直播账号,就应该遵循平台的规则。

通常来说,各直播平台会通过制定规则对直播运营者在平台上的各种行为进行规范。直播运营者可以从规则中找出与直播封面相关的内容,并在选择直播封面时将相关规则作为重要的参考依据。

以抖音直播平台为例,它制定了《"抖音"用户服务协议》,该协议包含的内容比较丰富。直播运营者在制作直播封面时,可以重点参考该协议中5.2.3(即不能制作、复制、发布和传播的内容)和第6小节(即"抖音"信息内容使用规范)的相关内容,具体如图3-9、图3-10所示。

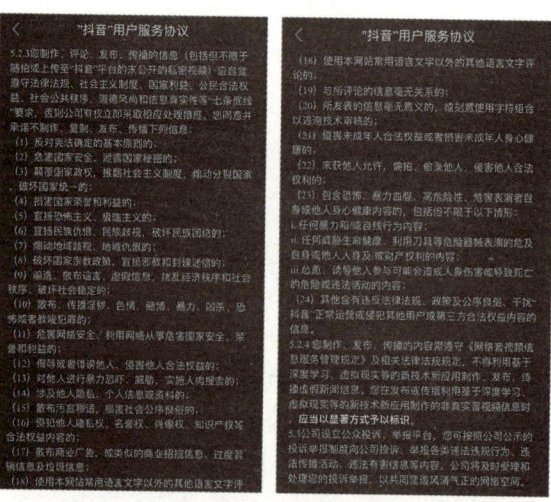

图3-9 不能制作、复制、发布和传播的信息

图3-10 "抖音"信息内容使用规范

3.2 封面制作：制作"高大上"的直播封面图文

因为大多数直播用户会根据直播的封面决定是否查看直播内容。所以，运营者在制作直播封面时，一定要尽可能地让自己的直播封面看起来更加"高大上"。为此，直播运营者需要了解并掌握制作直播封面的一些技巧。

3.2.1 封面图基本调整方法

许多直播运营者在制作直播封面时，并非直接从拍摄的直播画面中选取封面。对于这一部分直播运营者来说，掌握封面的基本调整方法就显得非常关键了。

其实，许多APP都可以帮助直播运营者更好地调整直播间的封面图。直播也有多种滤镜特效，使用滤镜能够全方位优化展示画面，而一张好的封面图能吸引更多的用户前来观看。以"美图秀秀"APP为例，其包含的抠图、虚化和光效功能就能很好地帮助直播运营者制作直播封面。

（1）抠图

当直播运营者需要将画面中的一部分，如画面中的人物，单独拿出来制作直播封面时，就可以借助"美图秀秀"APP的"抠图"功能，把需要的部分"抠"出来。在"美图秀秀"APP中使用"抠图"功能的具体操作步骤如下。

- 步骤01　打开"美图秀秀"APP，点击默认界面中的"图片美化"按钮，如图3-11所示。
- 步骤02　进入"最近项目"界面，选择需要抠图的照片，如图3-12所示。
- 步骤03　进入照片处理界面，点击下方的"抠图"按钮，如图3-13所示。

图3-11　点击"图片美化"按钮

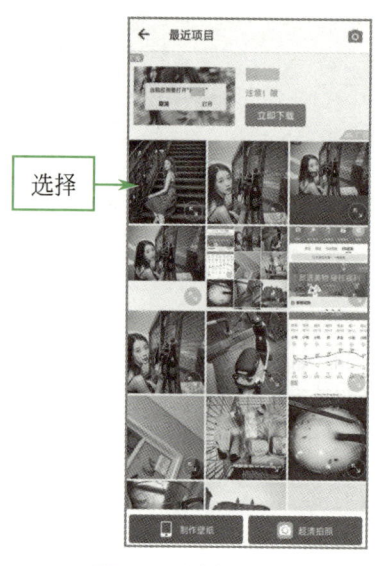

图 3-12 选择需要抠图的照片

图 3-13 点击"抠图"按钮

步骤04 进入抠图界面,选择"一键抠图"选项,然后根据提示选择并拖动照片中需要的部分,便可以直接进行抠图,如图3-14所示。

步骤05 抠图完成之后,只需点击界面右下角的 ✔ 按钮即可完成抠图。

图3-15所示为抠图合成之后的照片效果。对比之下不难发现,将人物重点取出,重新导入所需要的背景模板,更能体现出人物自身的风格特色。这一技巧常常用于直播封面的制作中。

图 3-14 "一键抠图"界面

图 3-15 抠图处理后的照片

（2）背景虚化

有时候直播运营者在制作直播封面时，需要重点突出画面中的部分内容。比如，需要重点展现人物的颜值。此时便可以借助"背景虚化"功能，通过虚化不重要的部分突出显示画面中的重要部分。在"美图秀秀"APP中使用"背景虚化"功能的具体操作步骤如下。

步骤01 打开"美图秀秀"APP，点击默认界面中的"图片美化"，进入"最近项目"界面，选择需要进行背景虚化的照片。

步骤02 进入照片处理界面，点击下方的"背景虚化"按钮，如图3-16所示。

步骤03 进入背景虚化处理界面，直播运营者可以在该界面中选择不同的背景虚化模式。"美图秀秀"APP提供了3种背景虚化模式，即智能、图形和直线，如图3-17所示。直播运营者只需根据自身需求进行选择和设置即可。

图3-16 点击"背景虚化"按钮

图3-17 背景虚化处理界面

步骤04 背景虚化处理完成之后，只需点击界面右下角的 ✓ 按钮，即可完成背景虚化。

> **专家提醒**
>
> 背景虚化功能常常用于需要重点突出人物或需要模糊处理背景的情况，该操作简单、容易上手。

图3-18 背景虚化处理后的照片

图3-18所示为进行了背景虚化的照片,处理掉图片不需要的场景,画面中的重点部分即人物的身体更容易成为视觉焦点。

（3）光效

部分直播运营者在拍摄直播或封面时,可能光线比较暗淡,这样拍出来的直播画面或封面必然会亮度不足。在遇到这种情况时,直播运营者可以借助"美图秀秀"APP的"光效"功能,让画面或照片"亮"起来。在"美图秀秀"APP中使用"光效"功能的具体操作步骤如下。

步骤01 打开"美图秀秀"APP,点击默认界面中的"图片美化",进入"最近项目"界面,选择需要进行光效处理的照片。

步骤02 进入照片处理界面,点击下方的"增强",如图3-19所示。

步骤03 进入"光效"处理界面,在该界面中直播运营者可以通过智能补光、亮度、对比度和高光等设置,对照片的光效进行调整,如图3-20所示。

图3-19 点击"增强"按钮

图3-20 "光效"处理界面

> **步骤04** 光效处理完成之后，只需点击界面右下角的 ✓ 按钮，即可完成光效处理。

图3-21所示为原片和进行了光效处理之后的照片，可以看出经过光效处理之后，图片明显变得明亮了，而且人物的"颜值"也得到了提高。

图3-21　照片光效处理的前后对比

3.2.2　制作固定封面图模板

如果直播运营者想要快速制作出"高大上"的直播封面，制作一个固定的封面图模板不失为一种有效的手段。因为固定的封面图模板制作完成后，直播运营者只需对具体内容进行替换，便能快速制作出新的直播封面。

当然，要想利用固定模板快速制作"高大上"的直播封面还有一个前提，那就是制作的固定封面图模板必须也是"高大上"的。因此，在制作直播的固定封面图模板时，直播运营者一定要多花一些心力。因为模板会直接影响利用该模板制作的直播封面的显示效果。

通常来说，固定封面图模板比较适合直播发布频率比较高，或者运营时间比较有限的直播运营者使用。因为固定模板制作完成后，就能快速制作出具体的直播封面，这可以为直播运营者节省大量的时间。

3.2.3　带货封面图制作技巧

对于电商平台来说，直播封面也很重要，是影响用户进入直播间的关键因素。以拼多多直播为例，封面通常使用主播人像图或商品图，图片比例为

1∶1，尺寸不低于800px×800px，同时必须是清晰干净且没有诱导信息的大图，相关设置技巧如图3-22所示。

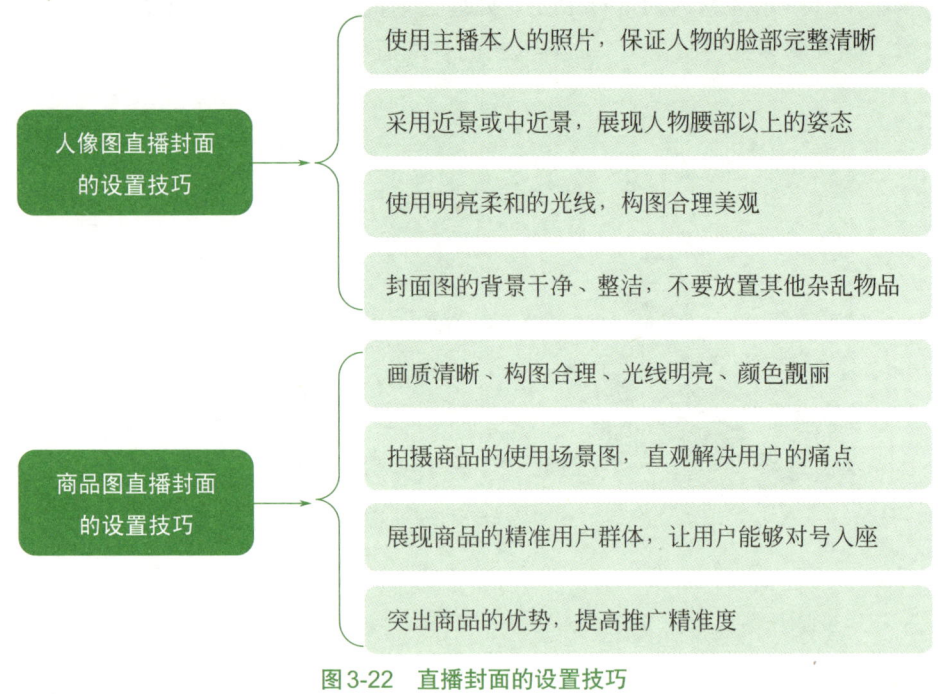

图3-22　直播封面的设置技巧

3.3 封面设置：各大平台设置直播封面方法

直播市场回归理性，对内容、主播和技能等方面提出了更高的要求。因此，在直播的火爆环境下，相关从业者应该了解这一大势下的变化，选择合适的直播平台入驻，并及时掌握更多新的直播玩法和技巧。那么怎样开通直播权限，设置封面内容呢？接下来笔者将一一介绍。

3.3.1　淘宝直播封面设置

淘宝直播已经成了淘宝卖家们推广商品的一种重要方式，直播购物也已经成为一种新的消费趋势,越来越多的消费者热衷于这种消费方式。

不管是对直播卖家来说,还是对直播主播来说,想要让自己的直播达到比较好的效果,每一次直播都需要做一定的准备工作。这些准备工作,有些是很容易被主播忽视的,且在一定程度上会影响观看直播间的粉丝数量。

直播间封面图是直播的重要外部展示因素,相当于门面,所以对于直播预告的封面要格外上心,按照官方的要求发布。

(1)预告要求

在中控台发布预告时,两个尺寸的封面图都要发布,分别为750px × 750px和1120px × 630px,后者尺寸用作首页封面图。图3-23所示为两种直播封面尺寸的对比展现效果。

图3-23 两种直播封面尺寸的对比效果

封面图要求不能有文字,最好是纯人物的清素背景,如图3-24所示。

图3-24 纯人物的清素背景

（2）预告视频要求

每一期节目预告（注意是每一期的具体节目预告不是整个栏目的宣传片）的基础参数要求如下。

① 时间：20秒以内；

② 大小：2兆以内；

③ 屏幕尺寸：16：9满屏，不可以在这个尺寸内加边框等；

④ 预告内容：预告视频不可以出现任何文字。只有纯人物浅色、素色背景的视频才可以入选首页展现。

另外，直播预告的封面标题也大有讲究，好的标题最能吸引用户的兴趣。

那么预告标题有哪些要求和要点呢？

第一，要清晰描述出主题和直播内容，能让用户提前了解直播内容，同时便于平台工作人员挑选出好的直播内容进行主题包装和推广。

第二，要包含具体的内容亮点，在直播预告中上传直播中要分享的商品，能让用户产生兴趣，还能通过大数据分析进行用户匹配，获得更精准的用户流量。图3-25所示为在预告标题中突出直播亮点的案例。

图3-25　标题突出直播亮点

标题的字数要控制在12个字（24个字符）以内。标题的拟定要符合粉丝工作与生活中经常看到的场景，这样才能让粉丝产生画面感，引起粉丝的共鸣，让粉丝觉得主播说的内容和他有关,甚至让他感觉讲的就是他,这样才能激发他关注并且按时观看直播。图3-26所示的标题点明小个子女生穿搭和微胖女生的穿搭,可以吸引这两类女生来观看。

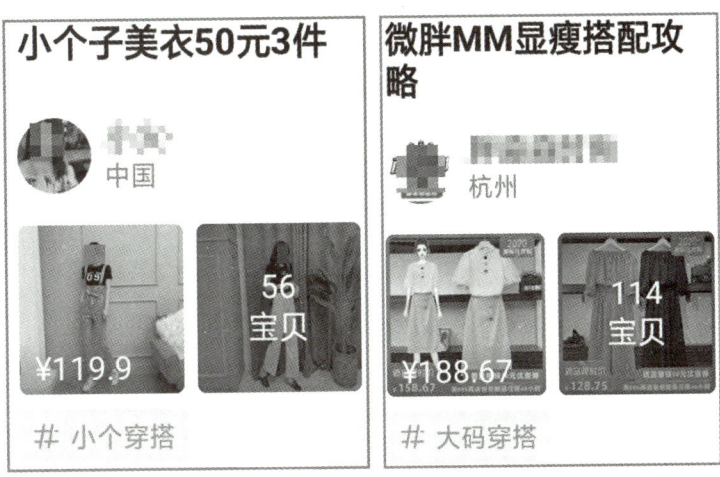

图3-26　标题点出小个子女生和微胖女生两类用户群体

文字内容要简洁,同时直击要点,要把最吸引人的点展现出来,一般主播都是把粉丝最关心的"痛点"放在标题中。

设置预告标题时,还需要有承诺性、新闻感,且能引发粉丝好奇心,这样才能更好地吸引目标用户对直播内容进行了解,从而主动等待正式开播。图3-27所示的标题突出了活动主题,达到了吸引目标用户观看的效果。

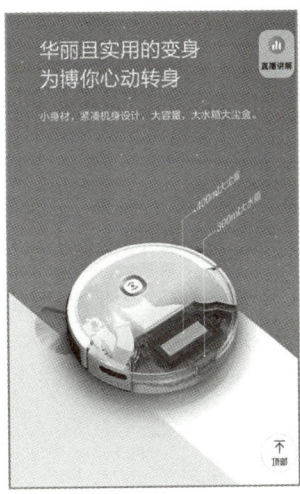

图3-27　预告标题突出活动主题

3.3.2 抖音直播封面设置

用户可以先打开抖音APP，点击底部的"+"按钮进入拍摄界面，然后点击"开直播"按钮进入开直播界面，如图3-28所示。点击最上方的"开播模式"按钮，用户可以选择"视频直播"或者"游戏直播"两种直播模式，如图3-29所示。

图3-28 开直播界面

图3-29 选择开播模式

点击"更换封面"按钮，在弹出的菜单中可以选择"从手机相册选择"和"拍照"两种方式来更换封面，如图3-30所示。

裁剪封面，确定封面范围后，点击"应用"按钮，如图3-31所示，即可更换直播封面。图3-32所示为更改后的直播封面。

点击标题文本框，还可以更改直播标题内容，如图3-33所示。运营者在开播前，千万不要忽视直播标题和封面的设置，漂亮的封面图片和有趣的标题文案都是吸引用户进入直播间的关键因素，还会影响直播间的曝光量。

抖音直播自带多种美颜功能，点击"开直播"主界面中的"美颜"即调出功能菜单，如磨皮、瘦脸、大眼、小脸、瘦鼻等，如图3-34所示。

抖音直播有多种滤镜特效，运营者可以点击"开直播"主界面中的"滤镜"按钮调出功能菜单，使用滤镜能够全方位衬托主播的靓丽容颜，如图3-35所示。设置好开播选项后，点击"开直播"主界面中的"开始视频直播"按钮，即可正式开始直播。

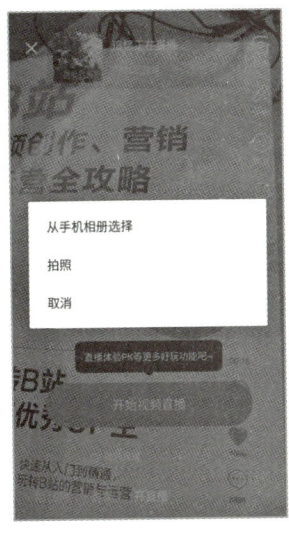  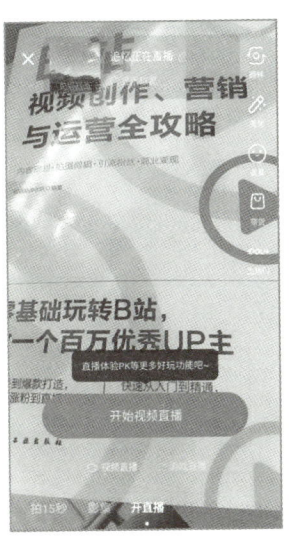

图 3-30　更换封面菜单　　图 3-31　裁剪图片　　图 3-32　更换后直播封面

 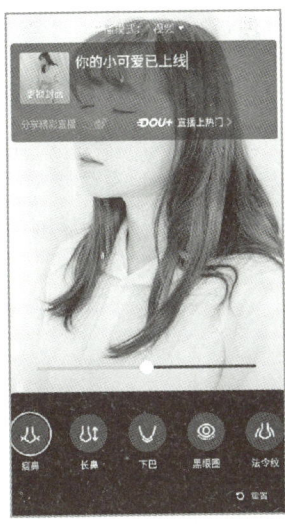 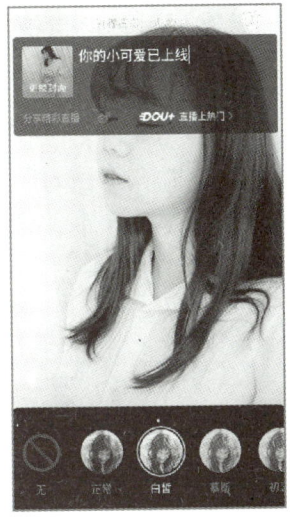

图 3-33　更改直播标题内容　　图 3-34　直播美颜功能　　图 3-35　"滤镜"功能

3.3.3　拼多多的直播封面

下面介绍拼多多平台创建直播间并设置封面图的操作方法。

① 打开拼多多商家版APP，进入"工具"界面，在"营销"选项区中点击"多多直播"按钮，如图3-36所示。

② 进入"多多直播"界面，点击"创建直播"按钮，如图3-37所示。商家

也可以点击"一键开播"按钮，一键创建直播间。

图3-36 点击"多多直播"按钮

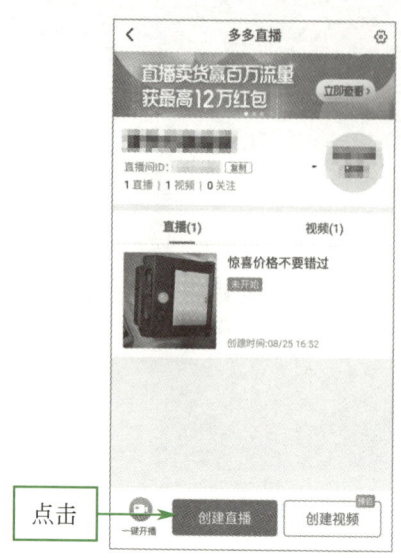

图3-37 点击"创建直播"按钮

③ 进入"创建直播"界面，❶设置相应的直播封面、直播标题，并选择商品，❷点击"创建直播"按钮即可，如图3-38所示。商家也可以点击"一键复用上次直播信息"按钮，直接调用上次的直播设置，实现快速开播。

④ 进入直播准备界面，点击"开始直播"按钮，如图3-39所示，即可开始直播。

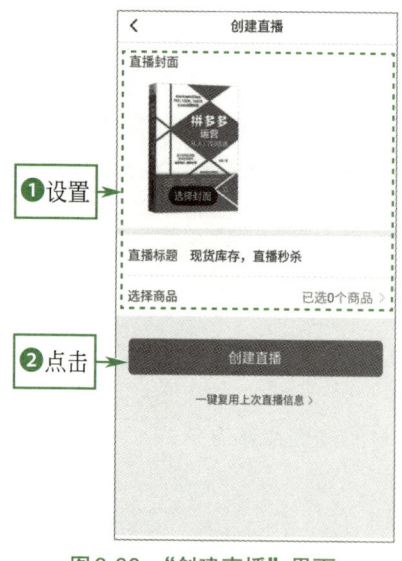

图3-38 "创建直播"界面

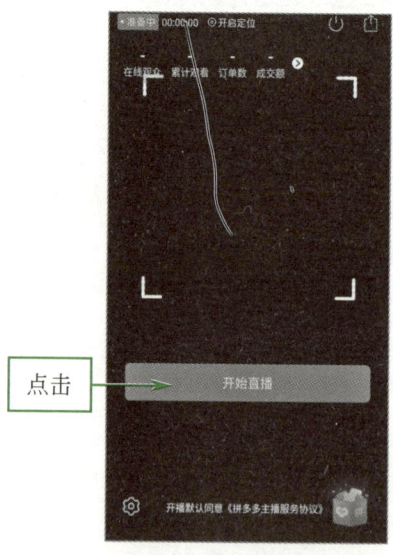

图3-39 点击"开始直播"按钮

3.4 注意事项：制作直播封面图文8大要点

在制作直播封面的过程中，有一些需要特别注意的事项。这一节，笔者选取了8个方面的内容，为大家进行重点说明。

3.4.1 尽量使用原创符号

这是一个越来越注重原创的时代，无论是直播，还是直播的封面，都应该尽可能地体现原创。这主要是因为，人们每天接收到的信息非常多，而对于重复出现的内容，大多数人都不会太感兴趣。如果你的直播封面不是原创的，那么，用户可能会根据直播封面判断该直播已经看过了。这样一来，直播的点击率难以得到保障。

其实，要做到使用原创直播封面这一点很简单。因为绝大多数直播运营者拍摄或上传的直播内容都是自己制作的，直播运营者只需从直播中随意选择一个画面作为直播封面，基本上就能保证直播封面的原创性。因为你自身所处的场景、人物的活动以及氛围等都是独一无二的。

当然，为了更好地显示直播封面的原创性，直播运营者还可以对直播封面进行一些处理。比如，可以在封面上加一些体现原创的文字，如原创、自制等，如图3-40所示。这些文字虽然是对整个直播的说明，但直播用户看到之后，也能马上明白包括封面在内的所有直播内容是主播自己做的。

图3-40 使用原创直播封面

3.4.2 带有超级符号标签

超级符号就是一些在生活中比较常见的、一看就能明白的符号。比如，红绿灯就属于一种超级符号，大家都知道"红灯停，绿灯行"。又比如一些知名品牌的LOGO，我们只要一看就知道它代表的是哪个品牌。

相对于纯文字说明，带有超级符号的标签，表现力更强，也更能让直播运营者快速把握重点信息。因此，在制作直播封面时，直播运营者可以尽可能地使用超级符号来吸引直播用户的关注。

图3-41所示为一个关于京东被薅羊毛的直播，该直播的封面就用了京东的LOGO——"京东狗"这个超级符号，吸引直播用户的目光。

图3-41 用超级符号吸引直播用户的目光

3.4.3 有效传达文字信息

在直播封面的制作过程中，如果文字说明运用得好，就能起到画龙点睛的作用。然而，现实却是许多直播运营者在制作直播封面时，对文字说明的运用还存在各种各样的问题。

这主要体现在两个方面。一是文字说明使用过多，封面上文字信息占据了很大的版面，如图3-42所示。这种文字说明方式，不仅会增加直播用户阅读文字信息的时间，而且文字说明已经包含了直播要展示的全部内容，用户看完封面之后,甚至都没有必要再去查看具体的直播内容了。

图3-42 文字说明运用存在问题的直播封面

二是在直播封面中干脆不进行文字说明。这种方式虽然更能保持画面的干净美观,但是不利于观众想象。

其实,要运用好文字说明也很简单,直播运营者只需尽可能地用简练的文字进行表达,有效传达信息即可。

图3-43所示为某快手账号的直播封面,其在文字说明的运用上就做得很好。这个账号以分享菜品制作过程为主,所以它的直播封面基本上只有菜品的名字。这样一来,直播用户只需要看封面上的文字,便能迅速判断这个直播是要展示哪个菜品的制作方法。

图3-43 文字说明运用得当的直播封面

3.4.4 展现最大景别看点

许多直播运营者在制作封面时，会直接从直播中选取画面作为直播的封面。这部分运营者需要特别注意，不同景别的画面显示的效果有很大的不同。直播运营者在选择直播封面时，要选择展现直播最大看点的景别，让直播用户能够快速把握重点。

图3-44和图3-45所示为主题为夕阳的两个摄影课程直播的封面，可以看到这两个画面在景别上就存在很大的区别。图3-44的画面是近景，夕阳缓缓地从山头下落，发出黄色的光晕，凸显出直播的主题。而图3-45是远景，虽然能显示出湖面的宽阔，但是夕阳的特征不太明显，不切合主题。

图3-44 近景直播封面示例

图3-45 远景直播封面示例

3.4.5 改善封面构图美感

同样的主体以不同的构图方式拍摄出来，呈现的效果也可能会存在较大的差异。而对于直播运营者来说，一个具有美感的直播封面无疑更能吸引用户的目光。因此，在制作直播封面时，应选择用合适的构图方式呈现主体，让画面更具美感。

图3-46所示为不同构图风格的两个直播封面。左侧的封面呈现的物品太多，让人看得眼花缭乱，难以把握主体，且整个封面看上去毫无美感。这个直播封面在构图方面可以说是失败的。而右侧的封面是用特写的方式展示红烧茄子这个主体。用户只要一看封面就能快速把握主体，且整个画面也比较美观。相比之下，这个直播封面在构图方面要比左侧的直播封面好得多。

图3-46 不同构图风格的两个直播封面

3.4.6 强化视觉色彩效果

人是一种视觉动物，越是鲜艳的色彩，通常越容易吸引人的目光。因此，运营者在制作直播封面时，应尽可能地让物体的颜色更好地呈现出来，让整个封面的视觉效果更好一些。

图3-47所示为两个直播的画面，如果将这两个画面作为直播的封面，那么，右侧的画面对用户的吸引力会强一些。这主要是因为左侧的画面在拍摄时光线有些不足，再加上画面中的食物的颜色经过烹制之后出现了变化，所以，虽然

画面色彩丰富，但是不够鲜艳。而右侧的画面中，虽然颜色比较少，但是光线很足，看上去更为美观，视觉效果更好。

图3-47 两个直播的画面

3.4.7 注意图片尺寸大小

在制作直播封面时，一定要注意图片的大小。如果图片太小了，可能会不太清晰。遇到这种情况，直播运营者最好重新制作图片，甚至是重新调整拍摄角度，因为画面的清晰度将直接影响用户查看图片和直播内容的感受。

> **专家提醒**
>
>
>
> 一般来说，各大直播平台对于直播封面图片的大小都有一定的要求。例如，抖音直播封面图片大小的要求为540px×960px。在制作直播封面时，运营者需根据平台的要求制作图片。

3.4.8 默认竖版呈现

各大直播平台一般都是默认以竖版的形式呈现直播封面。图3-48所示为部分直播平台的相关页面，可以看到这些平台中的直播封面是以竖版的形式呈现的。

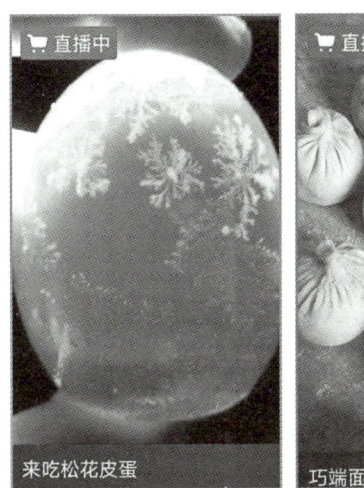

图 3-48 默认以竖版呈现直播封面

在这种情况下，直播运营者在设置封面时，需要充分考虑平台对封面版面的呈现方式。然而实际情况是，部分直播运营者对此注意得还不够。

事实上很多用户都习惯直接用竖屏刷直播，因此当他们看到需要横屏呈现的直播时，很可能只看一眼就略过了，更不用说点击封面去查看直播的具体内容了。这样一来，用横屏展示直播封面的直播，点击量等数据就比较难得到保障了。

除了用横屏画面设置直播封面之外，还有一种情况比较常见，就是将横屏拍摄的画面设置成竖屏的封面。这种做法虽然让设置的封面更加适应用户的阅读习惯，但是却会导致画面中出现大量留白。

其实，在各大直播平台，有很多直播都是横屏拍摄的，比如许多游戏直播。但是，这些直播的封面却设置成了竖屏封面，且最终的显示效果还比较好。

专家提醒

如果运营者看得仔细的话，就会发现这些直播的封面并非是直接用横屏拍摄的直播画面设置成的，而是在原直播画面的基础上进行了一些处理，让画面更加适合以竖屏的形式展示。

第4章

剧本策划：
抓住直播用户心理满足点

在直播的舞台上，主播可以说是绝对主角，通过镜头向用户展示形象和魅力。但是主播如何才能抓住用户的心理，快速实现涨粉呢？本章将以剧本策划为切入点介绍如何打造5分钟必爆直播剧本，让直播间不再冷场。

4.1 2个节点轻松创作直播剧本

俗话说，台上一分钟，台下十年功。任何精彩的瞬间都离不开台下反复地磨炼。就像电视剧情节得跟着剧本走一样，直播也是有剧本的。具体来说，就是要在用户进入直播间的10秒内吸引他们的注意力，直播结束前2分钟互动引发转粉。之所以给主播发挥的时间那么短，是因为现在人们所接触的事物越来越多，如果主播不能在最短的时间内吸引用户的注意力，就很容易被替代。

4.1.1 开播时10秒注意力

对主播来说,要想在10秒内吸引用户,一个良好的、具有亲和力的整体形象必不可少。首先,要在1秒内让用户有一个舒服的印象。主播不需要打扮得清艳脱俗、风姿绰约,但是得干净整洁、仪态端庄。

主播可以不是明星、网络"大咖",而是平凡的普通人。对主播来说,得体的穿着和合适的妆容非常重要。对于直播这种快节奏的模式,主播的穿着决定了用户是否有带入感,是否能与主播感同身受。

例如,彩妆类主播本身应该化淡妆,这样更有利于体现彩妆效果,给用户更直观的感受。户外类主播穿着应宽松舒适,尽量穿运动、休闲类服装。总而言之,主播着装应符合干净整洁的原则,如图4-1所示。

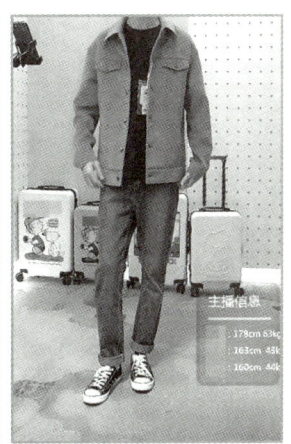

图4-1 服装干净整洁案例

一个良好的印象是让用户留在直播间的一块"敲门砖",但这还远远不够。剩下的9秒,怎样让用户在直播间"扎根"呢?笔者为大家提供三种思路(图4-2)。

```
让用户在直播间    ┬── 精简提炼直播预告,让用户了解直播的大概内容
   "扎根"的技巧   ├── 展示一到两款爆款产品,吸引用户注意力
                 └── 与用户互动,进行签到、领券、免费抽奖等活动
```

图4-2 让用户在直播间"扎根"的技巧

（1）精简提炼直播预告

一般来说，直播的预告较长，这时候就需要主播提炼出预告的精简内容，明确产品的价格、数量，有优惠活动的产品还可以重点介绍，如图4-3所示。

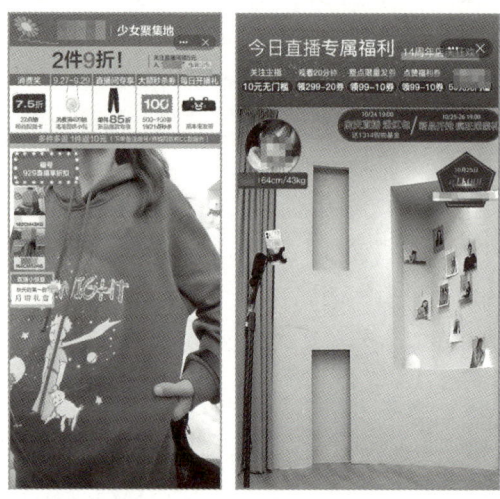

图4-3　精简直播预告案例

例如在图4-3的案例中，主播可以介绍说："在直播间的朋友们，本次全场品牌大优惠，一件95折，两件9折，超级划算，满500还可以减100，先到先得，快来抢购吧！"这样9秒钟的时间，就能让用户简单直接地了解直播主旨，营造出直播间紧张刺激的抢购氛围。

（2）展示一到两款爆款产品

由于开场时间有限，主播来不及一一展示所有产品，过于烦琐会导致用户丧失继续看下去的欲望。那么主播可以挑选一到两款爆款产品，着重展示产品的特色卖点，这样能最大限度地吸引用户。同时主播可以将爆款与同类型的产品进行对比，突出产品的价格优势或品质特色。

图4-4所示为两个直播间爆款产品的介绍，可以看到左图右上角有"直播间热销1号宝贝"的文案展示，主播重点介绍了产品的材质是牛皮，不仅防水还有光泽；右图则介绍了衣服拉链的特殊设计，让用户快速了解爆款产品的特色。

（3）与用户互动

若前期宣传到位，可能会有很多用户提前进入直播间。这就要求主播进入直播间后，必须马上进入直播状态，与用户互动。

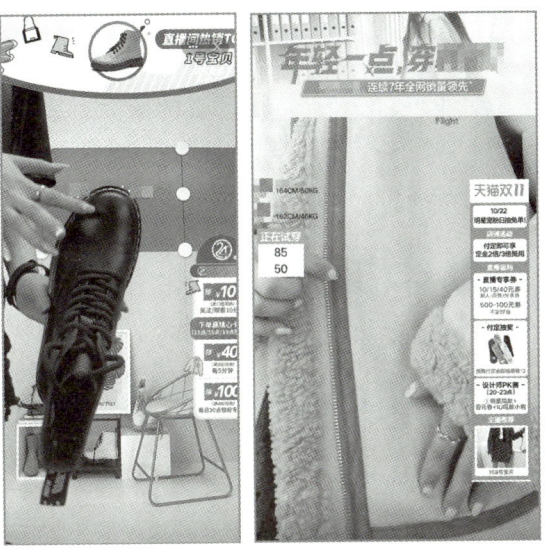

图4-4 爆款产品介绍案例

主播可以引导用户进行签到、关注主播、领取优惠券、参与抽奖等活动，要学会让用户"忙碌"起来。当用户积极参与这些活动时，自然而然地会关注直播产品，从而提高下单率。

图4-5所示为淘宝平台某电器品牌直播间活动页面。主播可以引导刚进入直播间的新用户点击领取"新用户红包3元"，然后点击"分享抢券"，将直播间分享给两名好友并关注店铺，即可领取满290减80优惠券，最后加入店铺会员还能领取5元红包。短短10秒钟的时间，用户就可以获得这么多的优惠福利，这不仅吸引了用户的注意力，还能刺激用户消费。

图4-5 引导用户参与直播活动案例

4.1.2 结束前2分钟涨粉

直播是对场景、产品、人员、时间的综合性把控,尤其是时间。有些主播由于长时间的精神紧绷,到了直播快结束的时候,就会放松下来草草结束,这样是不对的。笔者建议主播可以在中途休息,直播结束前2分钟一定要打起精神。下面将带领大家一起了解最后2分钟可以做什么。

第一,完整地演示一遍购买方式,这也是提醒用户产品展示已经完成,现在可以查看购物车,将购物车所有产品进行对比,满意的可以下单了。同时,主播还可以发布一些清零活动,促使用户清空购物车,提高购买率。图4-6所示为某服装品牌策划的清仓活动。

图4-6 清仓活动案例

第二,一定要强调关注主播,预告下次直播时间,剧透下次直播产品。这样可以让意犹未尽的用户下次能更方便地找到直播间,可以稳固自己的粉丝群体,给直播间增添人气。

4.2 剧本策划:看懂人性7大满足点

直播有的是对生活琐事的记录,比如一顿饭、一次野炊;有的是对人生境遇的深刻感悟,比如分享一次分手的经历,一次被领导赏识的过程;还有的是对时事的观察评论。当你去一个著名旅游景点,可能会遇到有人举着手机,对着摄像头侃侃而谈,直播已变为大众习以为常的事情

那么,到底什么样的剧本才能满足用户心理,引发大量的点赞和关注呢?本节为大家总结7个要点,帮助大家做好直播剧本的策划。

4.2.1 有价值的信息

为了提高网络直播质量,要求主播所发布的信息是有用的、有价值的。主播在进行剧本策划时,应尽量选择含金量较高的直播内容。

例如,主播可以发布能让用户得到人生或者事业启发的内容,也可以发布一些生活小常识,帮助用户更好地打理家庭。图4-7所示为某讲述历史知识的直播间。与一般讲述历史知识不同的是,该直播间采用漫画的形式,既生动形象,又便于记忆,直播内容很有价值。

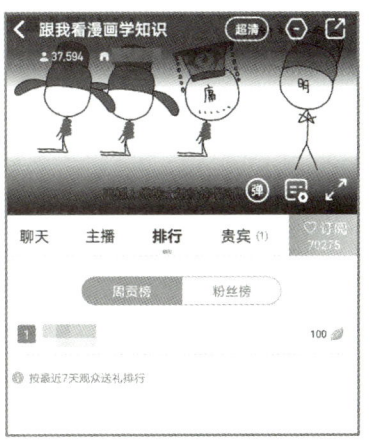

图4-7 有价值的直播案例

4.2.2 引起用户共鸣

运营者在做剧本策划时,要有能引起用户共鸣的东西,要能够让用户感同身受。运营者可以将人生价值和人生经历作为突破点,寻求用户共鸣。所谓共鸣,就是指当运营者在讲述某件事情的时候,用户有类似的体验,并且能够懂得运营者的感受。

例如,在某些情感类直播间,主播通过分享自己的小故事抒发心中的苦闷,来缓解不主播被人理解的痛苦。这时,用户可以在主播身上找到类似的感觉,进而产生惺惺相惜之情,如图4-8所示。

图4-8 情感类直播案例

4.2.3 三者利益结合

在介绍剧本中的相关利益之前，笔者想先为大家介绍利益的种类。利益可以分为个人利益、集体利益和国家利益。从小我们就被教导：国家利益高于集体利益和个人利益。所以，我们在做剧本策划时，一定要发布健康向上的信息，任何有可能伤害国家利益的直播我们都不能做。

另外，笔者认为，用户所谓的利益，是指有利益的感觉，而不是利益本身。例如，用户都喜欢优惠，那么运营者在做剧本策划时，可以先把原价标上，再打折促销，这样用户会更容易接受。如图4-9所示，图中产品所示价格均为未打折的原价。还有一种直播拼团的形式，可以让一个集体获得优惠价，如图4-10所示。

图4-9　价格塑造案例

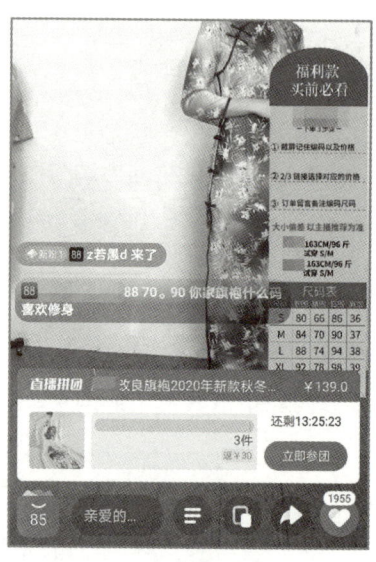

图4-10　直播拼团案例

4.2.4 欲望刺激消费

人们的消费能力日益提高，消费方式也越来越多样化，直播就是新兴的消费途径。如何在众多直播间中脱颖而出，激发用户消费的欲望，增加累计观看人数，创造更多的消费机会，是众多运营者关注的焦点。

从直播剧本策划角度来讲，运营者可以开展一些小活动，如赠送小礼品、节日贺卡、会员卡等。例如，运营者可以举办一场生日直播，专门为当天生日的用户开通特殊优惠，这样在当天过生日的用户会感觉到他们的特别，从而激起他们消费的欲望。另外，他们也会感受到店铺的用心，自然而然地就会激起他们收藏店铺的欲望。图4-11所示为某店铺为家里有宝宝过生日的用户推出的特惠直播活动。

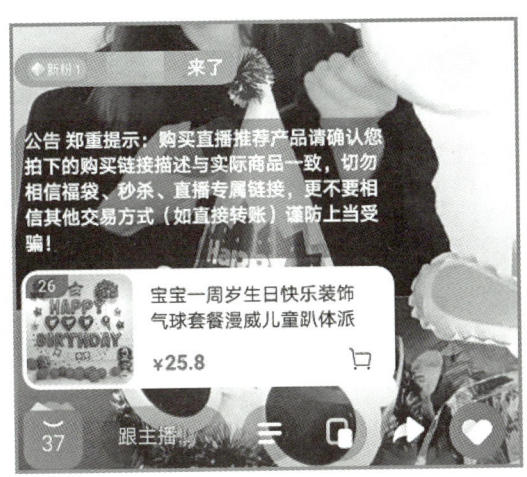

图4-11　直播生日活动案例

有欲望并不可怕，消费行为的根本就是满足欲望，欲望甚至在一定程度上刺激了科技的发展。例如，有人不想自己刷碗，浪费精力，但又害怕其他人弄坏他珍贵的瓷碗，正是这种想要节省精力的"欲望"，才有了洗碗机的发明。图4-12所示为某电器品牌正在推广洗碗机的直播，可以满足有相同需求的用户的消费欲望。

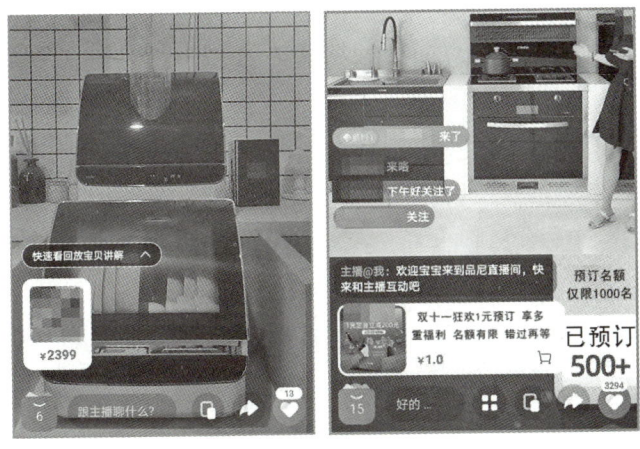

图4-12　欲望促进消费案例

专家提醒

并不是所有的欲望都是那么强烈和急迫的,有些欲望就被忽略了。例如,男性对护肤品的需求就很容易被忽视。主播在利用欲望刺激用户时,还要综合考虑多方面因素。

4.2.5 引起用户好奇

要想激起用户的购买欲,还得激发用户想要了解产品的兴趣。如果用户对你以及你的产品丝毫不感兴趣,那你的直播就可以到此结束了。如何才能让用户对产品保持好奇心呢?

图4-13所示为引起用户好奇心案例。运营者在直播封面上配了一句话"这是啥生意呀这么火爆",强烈地引起了用户的好奇心。"你肯定没吃过"这句话不禁让用户联想"这是什么桃子,我居然没吃过",于是就产生了想要进入直播间的想法。

图4-13 引起用户好奇心案例

策划直播剧本文案时，主播可以多采用提问的方式，积极与用户互动，让用户产生学习和探索的兴趣，从而进一步地了解产品的独特之处。运营者也可以采用逐步引导用户的方式，让用户自己去发现产品卖点，这样能强烈地引出用户的好奇心。

4.2.6 实现幻想生活

"公主梦"是每个女生都曾幻想的，每个男生都有一个"英雄梦"。女生吃着精致的食物，穿着优雅大方的公主裙，男生则穿着帅气超人服去拯救世界。你以为只存在于梦中的世界，有时也可以真实地出现在现实里，直播可以是一个圆梦的过程，满足用户的幻想也是吸引用户留在直播间的一种方式。

俗话说："工欲善其事，必先利其器。"策划梦幻类直播剧本时，如果是女主播，运营者可以先打造一个梦幻的公主房，营造一个舒适温馨的氛围。图4-14所示为打造得梦幻舒适的直播间。

这么梦幻的公主房是如何打造出来的呢？其中不得不提的是直播间灯光效果设置，这是打造直播环境的重中之重，不同的灯光所营造的氛围不一样，所体现出来的效果也是不一样的。

图4-14 满足用户幻想案例

专家提醒

摄影是用光的艺术，直播也是如此，直播通过摄像头将画面或自己的影像传递给屏幕前的用户，所以灯光尤为重要。为什么有的主播看上去很明亮耀眼，而有的则暗淡无光呢？原因就在于此。

直播间的灯光类型主要分为5种，如图4-15所示。

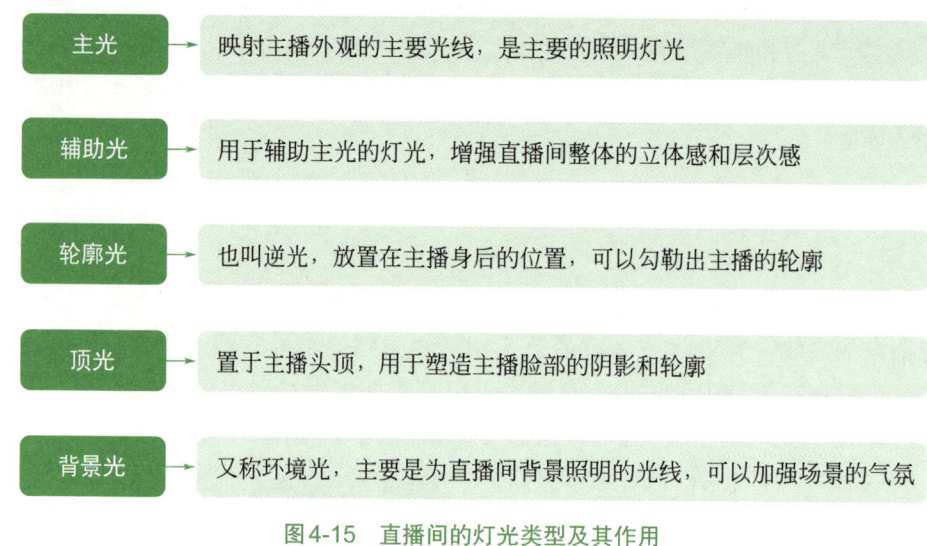

图4-15 直播间的灯光类型及其作用

了解了直播间的5种灯光类型之后，下面就来详细讲解每种灯光的设置和摆放，通过不同的角度和不同的灯光搭配来制造出不同的环境效果。

（1）主光

主光灯须放在主播的正面位置，这样做能让照射的光线充足，使主播的脸部看起来很柔和，从而起到磨皮美白的美颜效果。但是这种灯光设置也略有不足之处，那就是没有阴影效果，会使画面看上去缺乏层次感。

（2）辅助光

辅助光宜从主播的左右两侧并与主光呈90°角照射。当然，还有一种更好的设置方法，可以将辅助光放置在主播左前方45°角或右后方45°角进行照射。

这样做可以使主播的面部轮廓产生阴影，并产生强烈的色彩反差，有利于打造主播外形的立体质感。但需要注意的是灯光对比度的调节要适度，防止面部过度曝光或部分地方太暗的情况发生。

（3）轮廓光

轮廓光要放置在主播椅子后面，打造逆光的效果，可以突出主播的轮廓，还可以突出主播的"C位"。

在使用轮廓光的时候必须要注意把握光线的亮度，因为光线亮度太高可能会导致主播的主体部分过于黑暗，同时摄像头入光也会产生耀光的情况。

（4）顶光

顶光是从主播头顶照射下来的主光线，其作用在于给背景和地面增加亮度，从而产生厚重的投影效果，这样有利于塑造轮廓的造型，达到瘦脸的效果。

但要注意顶光的位置离主播的位置尽量不要超过2米，而且这种灯光也有小缺点，那就是容易使眼睛和鼻子的下方产生阴影，影响美观。

（5）背景光

背景光的作用是烘托主体，为主播的周围环境和背景进行照明，营造各种环境气氛和光线效果。

但是，在布置的过程中需要注意，由于背景光的灯光效果是均匀的，所以应该采取低亮度、多数量的方法进行布置。

以上5种灯光效果的设置是打造直播环境必不可少的设备，每种灯光都有各自的优势和不足，主播需要进行不同的灯光组合来取长补短。

灯光效果的调试是一个比较漫长的过程，在做剧本策划时，运营者需要有耐心才能找到适合自己的灯光效果，满足用户不同的需求，快速提高直播流量，提高直播间人均观看时长。

4.2.7 刺激用户感官

用户不能亲口品尝到直播间的食品，不能亲身试穿服装，不能亲身使用电器，怎样才能刺激他们消费呢？这就依赖于直播剧本策划了。文字及语言的魅力是无法想象的，运营者可以通过这些元素来刺激用户的感官，这可能比亲身体验的感觉更加美好。因为这是用户自己所需要的感觉，它会通过主播的解说被不断放大，从而产生想要购买的感觉。

图4-16所示为某食品类店铺直播。运营者通过让用户看到产品的颜色、颗粒大小来判断产品的质量，这就是视觉刺激。

图4-16 视觉刺激直播案例

4.3 剧本内容：直播过程的内容流程

直播行业，剧本的优劣决定着直播效果的好坏。一个好的剧本能让主播对直播有一个整体的把握，什么时间该做什么事，一个产品要介绍多久，如何介绍，这都是需要主播去把控的。剧本决定着直播的流程，一个再好的主播也得对直播进行有层次、有逻辑的划分，不能张口就来。所以，剧本中直播过程的内容是必不可少的。下面将为大家介绍剧本内容是怎样进行设置的。

4.3.1 直播宣传标签

在策划直播剧本时，首先要对整场直播设置标签。主播在平日里应该清楚自己的风格定位，在设置标签时，可以采用多个关键词。例如，户外类主播可设置"户外""旅行""交友"等。

标签设置得精准可以获得更多的平台推荐次数，增加直播内容的曝光度，吸引更多的流量和粉丝。"踩中标签"还有利于体现内容的垂直度，从而提升账号的权重。

另外，在设置直播标签时，如果遇上直播高峰期，主播可以考虑避开"主播大咖"的标签。因为标签重复的话，用户流量很容易流向"大主播"，运营者的直播间就很容易被掩埋。当然，还有另一种方法，就是避开直播高峰期。主播可以选择比较冷门的时间，设置较为热门的标签，比如上午6点到12点，这段时间做得好的话流量也会随着"大主播"流量上升的。

在设置直播标签时，需要注意以下几点，如图4-17所示。

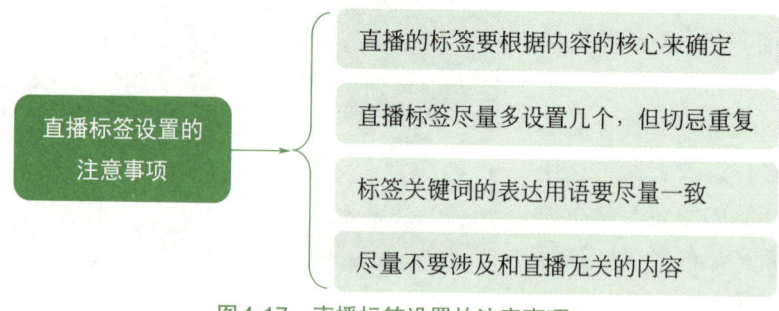

图4-17　直播标签设置的注意事项

图4-18所示为哔哩哔哩直播平台的一些热门直播标签推荐。

4.3.2 直播悬念剧本

制造悬念、吸引人气是直播营销经常使用的方法，这对直播剧本内容策划也同样适用。比如，在直播中与用户互动挑战，可以激发用户的参与热情，同时也能令用户对挑战充满期待和好奇。

有些直播剧本虽然充满悬念，但直播过程却索然无味，这也需要主播对直播节奏把控得当。

图4-18　哔哩哔哩热门直播标签推荐

剧本的执行效果好不好取决于企业自己的实际情况，一定要考虑到产品的特色以及主播的实力等因素。

剧本内容隐约带有悬念的意味更容易吸引用户，进而将其转化为粉丝，实现变现。因此，设置悬念来吸引人气不失为剧本变现的一个绝妙策略。

4.3.3 数字冲击视觉

任何运营工作都离不开对数据的统计和分析，随着互联网技术的不断发展，数据分析也越来越精确，效率也越来越高。特别是大数据时代的到来，大大提高了企业对市场和用户的分析能力。

对于直播行业来讲，数字运营十分有必要。因为通过对各种直播数据的分析，可以优化和完善自己直播的各个环节，有助于自己在直播行业的发展和进步。

数字运营得当会给用户带来一定的视觉冲击。在直播剧本里面怎样体现出数字运营呢？下面来看一个例子。图4-19所示为某品牌服装直播间。当用户进入直播间，首先看到的是"八五折"，然后是秒杀时间"15:00～15:59"，"200""600"这些数字也会对用户形成视觉冲击，让用户一眼就可以看到。

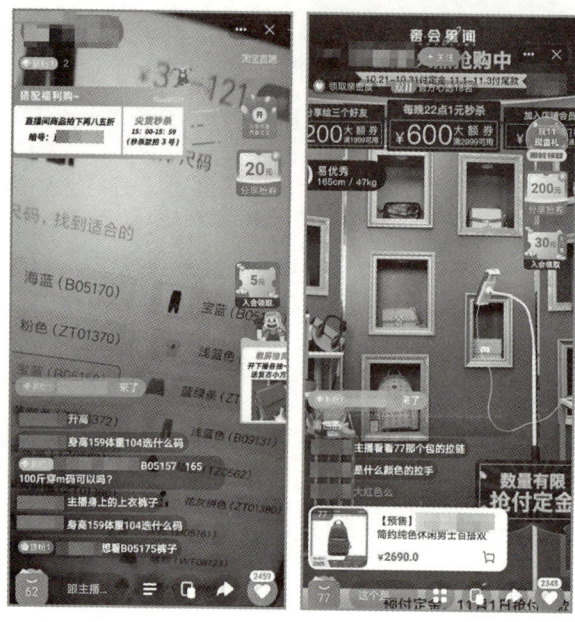

图4-19 数字冲击的直播案例

4.3.4 比较突出优势

对比的方式多种多样，可以是价格上的对比，也可以是质量上的对比。制造对比的最终目的都是突出自家产品的优势和特点。单一的对自己产品进行营销，会让人觉得痕迹过于明显，或者概念模糊，然而通过对比，就能在对比中将产品的特点显现出来。下面将教大家怎么在直播剧本内容策划时设置对比。

（1）价格对比

可以制定优惠价实现价格对比，例如将店铺的商品与实体店进行价格对比，体现出直播中的价格优势，进而吸引用户购买。

（2）质量对比

可以利用他人店铺的产品进行产品的质量对比，例如卖正品球鞋的店铺，可以用正品与其他仿制的产品进行对比，讲述正品的细节，并且教授他人如何对比产品，辨别假冒伪劣产品。

还有一些常见的运用对比的是卖真皮包包的店家，通常会对真皮和人造革进行对比。

当然，主播在将自家产品与其他产品进行对比时，也要注意文明使用语言，不能过度贬低、诋毁其他产品。只有这样，用户才会真正喜欢你的直播，信赖你的产品。

4.3.5 场景促使购买

运营者在策划剧本时，一定要根据实际场景来刺激用户消费。就像在电影、电视剧里植入产品广告一样，即便是植入，也要尽可能地把产品和使用场景联系起来。下面将从两个方面进行介绍。

(1) 产品主题化

在直播时，需要先确定主题，然后根据主题策划剧本，再将产品融入直播剧本中。场景表达的主题需要与产品具有相关性，不然产品很难融入直播间。

例如，如果要表达的主题是舞蹈展示，主播可以穿上店铺中销售的服装展示跳舞的场景；如果要销售的产品是不粘锅炒锅，主播可以用店铺中销售的炒锅进行烹饪，展现烹饪的场景，如图4-20所示。

图4-20　产品主题化案例

(2) 产品道具化

将产品作为道具融入直播场景，可以更好地突显产品的优势，刺激直播用户的购买欲望。因为这种道具化的产品融入方法，能够从一定程度上弱化营销的痕迹，所以也不会让用户产生反感。

第5章

内容策划：百万级流量文案策划技巧

> 看过直播的人都知道，直播内容的吸引力很大程度上决定了用户是否会继续观看直播，而且策划内容还会影响排名。可见，想做好直播，内容策划至关重要。

5.1 策划思路：增强文案的感染力

内容策划是宣传中较为重要的一个环节，从其作用来看，优秀的内容具备强烈的感染力，能够给直播带来巨大的流量。在信息繁杂的网络时代，并不是所有的内容策划都能够获得成功，尤其是对于缺乏技巧的策划新人而言，要想获得成功并不是一件轻而易举的事情。

从内容策划的角度出发，内容的感染力来源主要分为5个方面，而我们写直播内容时，就需要从这5个方面重点进行考虑，这一节将对这些内容策划的相关问题一一进行解读。

5.1.1 做到准确性和规范性

随着互联网技术的快速发展,每天更新的信息量是十分惊人的。"信息爆炸"主要就是指信息量的增长速度快,庞大的原始信息量和更新的网络信息量通过新闻、娱乐和广告等传播媒介作用于每一个人。

对于内容创作者而言,要想让内容被大众认可,能够在庞大的信息量中脱颖而出,首先需要做到的就是准确性和规范性。做不到这两点,将对直播的运营产生不利影响,甚至会被直播平台限流。

在实际应用中,准确性和规范性是任何内容写作的基本要求,具体的内容策划要求如图 5-1 所示。

准确规范的内容策划要求
- 表达规范、完整,避免语法错误或表达残缺
- 避免使用易产生歧义或误解的词语,保证策划中所使用的文字准确无误
- 不能创造奇怪的词语,文字表达要符合大众语言习惯,切忌生搬硬套
- 以通俗化、大众化的词语为主,但是内容不能低俗和负面

图 5-1 准确规范的内容策划要求

直播是向用户展示各种内容的一种呈现形式,尽管是通过虚拟的网络连接主播和用户,但从内容上来说,真实性仍然是其基本要求。

当然,这里的真实性是一种建立在发挥了一定创意的基础上的真实。直播内容要注意真实性这一要求,表现在真实的信息和真实的情感两方面,这种能和用户产生联系的直播内容才能吸引和打动用户。

作为直播内容必要的特质,真实性在很多直播中都体现了出来。在此以一个背包客徒步旅行去拉萨为例进行介绍,这种直播不需要太多花哨的内容,只要把沿途的风景和经历记录下来即可,如图 5-2 所示。

这类直播很容易让用户感受到直播的真实性。那些向往去某个景点但是又因为各种原因没能去成的用户,可以通过直播这一形式与主播产生共鸣,就好像自身也同主播一起经历了这次旅行一样。

图 5-2　直播旅途的行进历程

5.1.2　做到流行性和学习性

热点之所以成为热点，是因为有很多人关注，把它给炒热了。一旦某个内容成为热点，会有更多人对其感兴趣。所以，在内容策划过程中，如果能够围绕热点打造内容，便能更好地起到吸引用户的作用。

例如，可以根据某些网友平时讨论比较多的热点话题打造文案。直播用户对这类内容比较喜欢，所以紧扣热点的内容策划能增加直播间的点击量，获得更多用户的点赞和评论。

还有脱发这类持续时间比较长的热门话题，也是很多网友喜欢调侃自己或者他人的热点，直播运营者根据这类话题写策划，然后搭配偏调侃的内容，会比较容易吸引用户。

为什么许多人喜欢看新闻？这并不一定是因为看新闻非常有趣，而是因为大家能够从新闻中获取时事信息。基于这一点，直播运营者在制作内容时，可以适当地加入一些网络热点资讯，让内容能满足直播用户获取时事信息的需求，增加直播的人均观看时长。

有一部分用户在浏览电脑、手机上的各种新闻、文章时，抱有可以学到一些有价值的东西，扩充自己的知识面，增加自己的技能等目的。因此，直播运营者在制作内容时，可以将这一因素考虑进去，让自己制作的直播内容给用户一种能够满足学习需求的感觉。

一方面用户需要获得有关的热点资讯，另一方面如果这些热点资讯有相关性，那么，直播用户在看到与其相关的直播时，也会更有点击查看的兴趣。

能满足用户学习需求的直播，在标题上就可以看出内容所蕴藏的价值。直播用户在浏览内容的时候并不是没有目的的，他们在刷直播的时候往往是想要获得点什么。而这一类"学习型"直播就很好地满足了用户的这一需求，如图5-3所示。

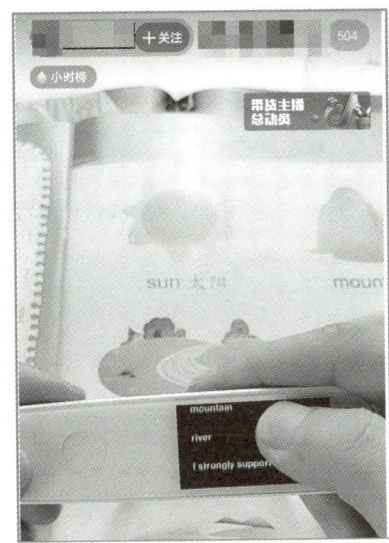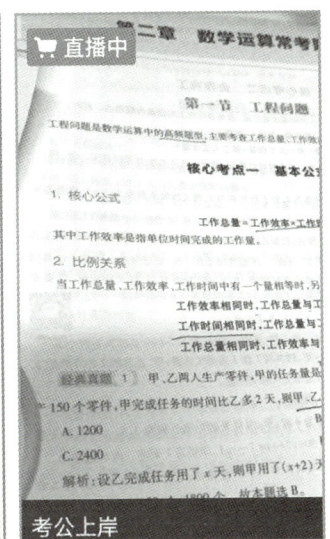

图5-3 满足用户学习需求的直播内容

这样一来，内容策划里就要体现出这场直播的学习价值。当用户看到时，就会抱着"能够学到一定知识或是技巧"的心态来点击查看直播内容。这对用户和主播来说是双赢。

5.1.3 要力求定位精准

精准定位同样属于内容策划的基本要求之一，每一个成功的内容策划都具备这一特点，即了解自己的目标用户，根据目标用户人群的属性，打造精准的内容，以利于用户接受，达到想要的效果。

直播的快速发展，使得各种"直播+"模式不断出现。"直播+"模式是指将直播与公益、电商、农业、音乐、电竞和教育等领域相结合，以细化的市场以及深入垂直的领域，推动直播平台向更深产业端渗透。

细化的直播内容，既能保证平台内容的及时更新，也能提升产品的品质，同时增强平台与用户之间的黏性，赢得用户的信任，获得更忠实的用户支持，为平台的发展和之后产品的销售做铺垫。

各大行业在"直播+"的模式下，也能获得更多新的经济增长点，与直播平台实现共赢。这种多样化的发展，使得平台突破原有的直播流量红利消失的瓶颈，也让各大行业通过直播获得了新的销售传播途径，进一步释放行业的价值。

面对不断更迭的互联网技术，以及不断增长且细化的用户需求，直播平台需要细化自身的市场定位。只有对市场需求精准挖掘，才能使直播取得更佳的效果。图5-4所示为"直播+"模式的概要。

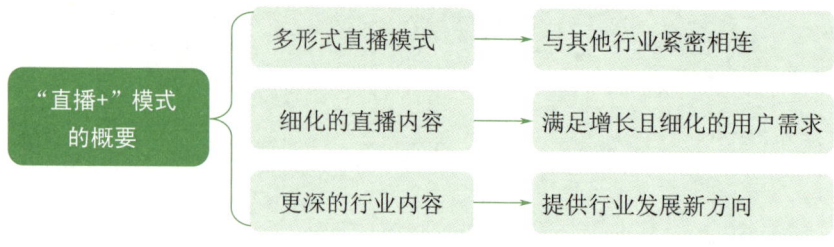

图5-4 "直播+"模式的概要

在这样一个"全民直播"的时代，人们对网络上千篇一律的传统直播模式习以为常，而"直播+"的模式将直播与其他行业紧密相连，为自身的发展提供了新的选择和方向。

> **专家提醒**
>
> 单一的直播模式在大众的心中已失去了新鲜感，而"直播+"模式将直播形式对准更深的行业领域，并成为此行业的传播途径，既能满足用户对直播的不同需求，也能让自身的发展获得更多机会。因此，我们需要细化自身的市场定位，深耕垂直领域。

例如，游戏直播在直播中侧重相关游戏及其衍生品的销售。热门的游戏直播平台包括斗鱼直播、虎牙直播，这些平台在销售产品时除了提供用户打赏功能之外，还会提供一些游戏相关产品的营销信息，如游戏客户端、游戏礼包、虚拟道具，以及人物相关的模型等游戏周边。图5-5所示为游戏直播模式的解释。

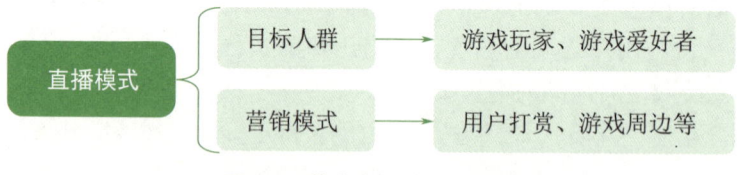

图5-5 游戏直播模式的解释

直播是用来给用户观看的,我们在确定直播市场定位时,不仅要考虑其专业性,还应该考虑用户喜好的相关性。一般说来,用户喜欢看的,或者说感兴趣的信息主要包括3类,具体如图5-6所示。

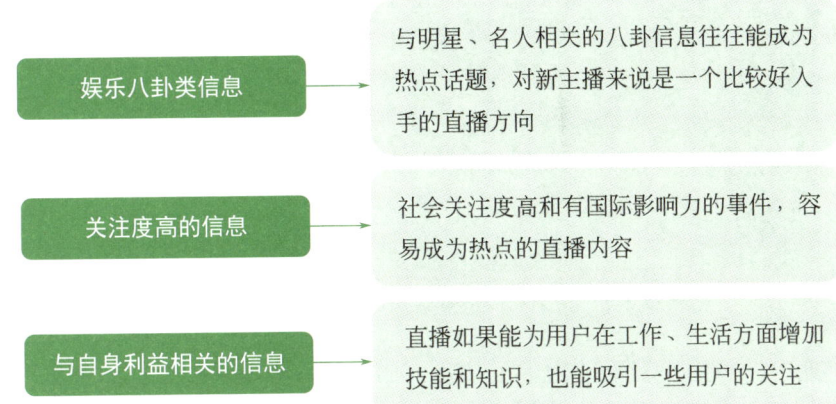

图5-6 用户感兴趣的信息类型

从图5-6中的3类用户感兴趣的信息出发来策划直播内容,这为吸引用户注意力提供了基础,也为直播增加了成功的筹码。

就目前直播的发展而言,个人秀场是一些新人主播和直播平台最初的选择,也是最快和最容易实现的直播选择。

在目前直播的大环境下,平台和主播应该怎样发展才能达到直播内容的专业性要求呢?关于这一问题,可以从两个角度考虑。

① 基于直播平台专业的内容安排和主播本身的专业素养,选择自己擅长的内容。

② 基于用户的兴趣,从专业性角度来对直播内容进行转换,选择用户喜欢的专业性内容。

主播在选择直播的内容方向时,可以基于现有的平台内容和用户延伸发展,创作用户喜欢的直播内容。除此之外,还可以把用户的兴趣爱好考虑进去。例如,女性用户一般会对一些美妆、美食类内容感兴趣,而男性用户往往会对球类、游戏感兴趣。我们可以看到,直播平台上关于这些方面的直播比较多,如图5-7所示。

在直播中,用户总会表现出倾向于喜好某一方面的特点,运营者可以从这一点出发,找出具有相关性或相似性的主题内容,这样就能在吸引平台用户注意的同时,增加用户黏性。

图5-7 与用户兴趣爱好相符的直播内容举例

例如,一些用户喜欢欣赏手工艺品,那么,这些用户极有可能对怎样做那些好看的手工艺品感兴趣,因而可以考虑推出这方面的有着专业技能的直播内容。与手工相关的内容比较多,既可以介绍手工的基础知识和历史,也可以教用户边欣赏边做,还可以从手工制作领域的某一个点出发来直播。

图5-8所示为有关穿搭的直播。这两个直播间是为"胖妹妹"设计的。直播的内容策划就比较精准,均是大码的女装穿搭,适合微胖的女孩。当用户看到之后就可以对号入座。

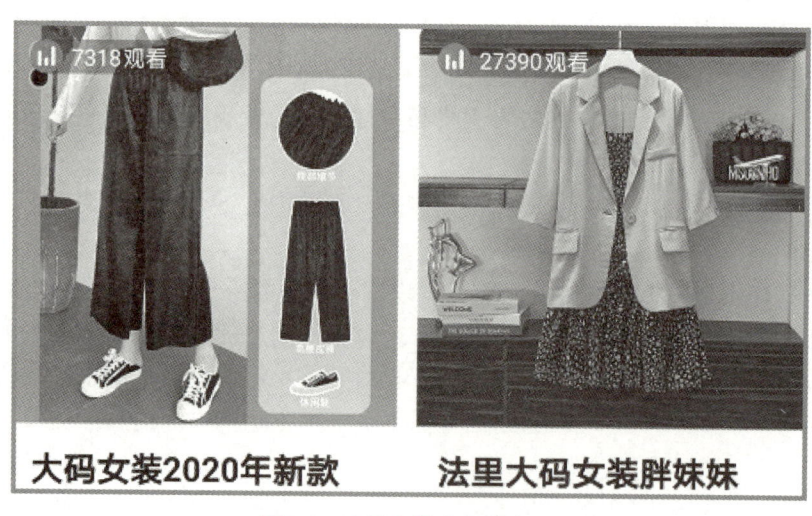

图5-8 立足直播定位的内容

这类内容策划虽然简单,但是因为定位精准,对于直播间来说是非常加分的。直播内容很明确地指出了目标用户是什么人群,这样能够快速吸引大量对这类内容感兴趣的用户，获得他们的喜欢。

一般情况下，运营者在直播初期就会确定自己的目标用户，然后主播会根据目标用户的特征属性来策划内容。那主播如何精准地表达内容呢？可以从4个方面入手，如图5-9所示。

精准内容定位的相关分析
- 简单明了，以尽可能少的文字表达出产品精髓，保证信息传播的有效性
- 尽可能地打造精练的内容，用于吸引用户的注意力，也方便用户迅速记住相关内容
- 在语句上尽量使用简短的文字，防止用户产生阅读上的反感
- 从用户出发，对用户的需求进行换位思考，并将相关的有针对性的内容直接表现在文案中

图5-9　精准内容定位的相关分析

另外，主播在进行直播带货前，首先要学会分析商品基本情况，在确保货源的质量、了解商品的用户群体后才可以进行下一步行动。这样可以保证主播在后续的销售工作中能够获得经济效益收入。除此之外，只有找到自己的用户，才可以对他们进行系统、详细地分析。

专家提醒

只有通过有针对性地对用户群体进行产品介绍、推销工作或者介绍用户感兴趣的直播内容，才能切中用户的需求，让用户产生购买行为，从而达到提高商品成交率的目的。

不同的用户有着不同的信息关注点，进入直播间的用户，性别、年龄、需求点都可能存在不同，自然他们对于产品的关注重心也会不一样。同样一件产品，对于年轻女性来说，可能会看重它的美观性、精致感，而对于年长一些的

女性来说，会更加关注产品的实用性。要记住的是，只有在精准定位的基础上进行发挥，挽留固定用户，才能达到事半功倍的效果。

主播要学会了解粉丝的年龄等个人情况，判断出他们的关注点，分析他们的购物心理，那么在选择直播风格时，就能有侧重点。如图5-10所示，通过主播在直播间展示的风格就大致可以了解其粉丝的类型。

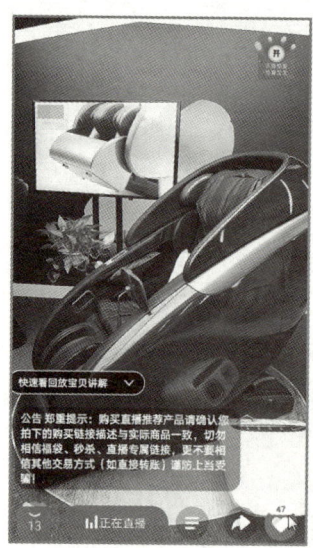 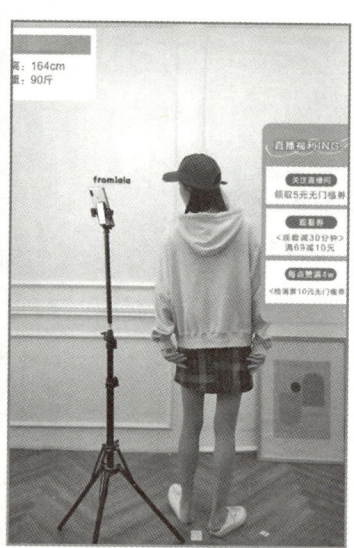

图5-10　不同直播间风格针对不同的人群

图5-10中左图以蓝色为基调，风格更加正式、沉稳，并且进行的是按摩类产品的销售，可以反映出其面向的人群主要是长期久坐的上班族或者中老年人；右图风格更为活泼、时尚，带货的主播是年轻时尚的女性，可以看出其目标用户为追求时尚的都市女性。

5.1.4　要表达个性赢得关注

形象生动的内容表达，非常容易营造出画面感，加深用户的第一印象，让用户看一眼就能记住文案内容。

对于直播内容而言，每一个优秀的文案在最初都只是一张白纸，需要创作者不断地添加内容，才能够最终成型。要想更有效地完成任务，就需要对相关的工作内容有一个完整认识。

生动形象的内容策划可以通过清晰的别样表达，在吸引用户关注，快速让用户接收文案内容的同时，激发用户对文案内容的兴趣，从而使得用户观看、点赞、评论和转发。

图5-11所示为一个古筝演奏的直播案例。鲜艳明亮的颜色加上古风服饰，让人有眼前一亮的感觉，一幅美人弹奏古筝的图画就呈现出来了，非常具有个人色彩。该直播策划的主题是"宠辱不惊，看庭前花开花落；去留无意，望天上云卷云舒。"引用古人的诗句，又表达出该主播豁达的性格特点，惹人喜爱，吸引了不少直播用户的关注。

图5-11 古筝演奏的直播案例

一部分人会点开平台上各种各样的直播，是出于无聊、消磨闲暇时光、给自己找点欢乐的目的。因此，那些以传播搞笑、幽默内容为目的的极具个人色彩的幽默型直播，会比较容易满足用户的消遣需求。

专家提醒

人们在繁杂的工作或者是琐碎的生活当中，需要找到一点能够放松自己和调节自己情绪的东西，这时候就需要找一些所谓的"消遣"。能够使人们从生活工作中暂时跳脱出来的、娱乐搞笑的直播，大都能够让人们会心一笑，这样的"个性"能为直播间赢来更多的关注，使人们的心情变得好一些。

如图5-12所示，直播中的主角是一只搞笑熊，这只熊像人一样会说笑话会讲段子。虽然知道是直播间的配音，但是面对这样一只可爱幽默的小熊，人们还是会心情愉悦。

直播运营者在策划直播内容时，标题就要能让用户觉得很轻松，让用户看到标题的趣味性和幽默性。所以，一般这样的标题都带有一定的搞笑成分，或者是轻松娱乐的成分。只有这样的直播内容策划，才会让用户看完后心情变好。

5.1.5 要有创意激发兴趣

创意对于任何行业的新媒体文案都十分重要，尤其是在网络信息极其发达的社会中，自主创新的内容往往能够让人眼前一亮，进而获得更多的关注。

图5-12 创意十足的直播内容策划

创意是为直播主题服务的，所以内容中的创意必须与主题有着直接联系。创意不能生搬硬套，牵强附会。在常见的优秀案例中，文字和图片的双重创意往往比单一的创意更能够打动人心。

对于正在创作的内容，要想突出内容特点，在保持创新的前提下需要通过多种方式更好地打造内容本身。内容表达主要有8个方面的要求，具体为词语优美、方便传播、易于识别、内容流畅、契合主题、易于记忆、符合情境和突出重点。

如果用户刚看到你的直播开头，就能猜到结尾，用户会觉得这样的直播没有可看性，于是选择不看。

相比于这种看了开头就能猜到结尾的直播，那些设计了"反转"剧情的直播内容，打破了人们的惯性思维，往往会让人觉得眼前一亮。

而"反转"之所以能够吸引许多用户的关注，并获得大量的点赞和评论，主要是因为用户看完直播之后，在回想到让人措手不及、意想不到的剧情时，往往仍觉得惊喜，觉得内容安排十分巧妙，并让用户忍不住想要为直播点赞。

这种能满足用户猎奇心的直播内容，通常都带有一点神秘感，让人觉得看了直播之后就可以了解事情的真相，如图5-13所示。

一般来说，大部分人对那些未知的、刺激的东西都会有一种想要去探索、了解的欲望。所以，运营者在制作直播内容的时候就可以抓住用户的这一特点，让内容充满神秘感，满足用户的猎奇心理，这样就能够获得更多用户的关注，关注的人越多，直播被转发分享的次数就会越多。

图 5-13 满足用户猎奇心理的内容

能够满足用户猎奇心理的内容常常会设下悬念，用以引起用户的注意和兴趣。又或者是内容策划里面所出现的东西是直播用户在日常生活中没见到过、没听说过的新奇的事情，只有这样，用户才会想要去观看直播的内容。

专家提醒

像这样的具有猎奇性的直播其实并不一定本身就很稀奇，而是在直播制作时，善于抓住用户喜欢的视角或者是用户好奇心比较大的视角来展开。这样展开的直播，用户在看到之后才会有想要继续观看直播的欲望。

5.2 内容策划：让表达合用户口味

内容策划需要专业的文字工作者，需要一定的文字水平。要想更高效率、更高质量地完成文案任务，除了掌握写作技巧，还需要学会让表达更合用户的口味。

5.2.1 要通俗易懂减少时间

文字要通俗易懂，能够做到雅俗共赏。这既是内容策划的基本要求，也是在文案创作的逻辑处理过程中，策划者必须了解的思维技巧之一。

从本质上来说，通俗易懂并不是要将文案的核心内容省略掉，而是通过变换文字组合重新展示要表达的内容，让用户在看到文案之后，便能心领神会。若是用户看不太懂或者需要花一定时间思考的文案，会让直播间损失一部分流量。

5.2.2 文案要删除多余内容

失败的直播原因众多。在可避免的问题中，画面中文字的多余累赘是失败的主因，导致的结果主要包括内容毫无意义、文字说服力弱和问题模棱两可等。

解决多余文字最为直接的方法就是将其删除，这也是强调与突出关键字句最为直接的方法。图5-14所示为文案内容多余的直播案例。内容文字太多，用户不易抓住重点，也可能就丧失了继续看下去的兴趣。

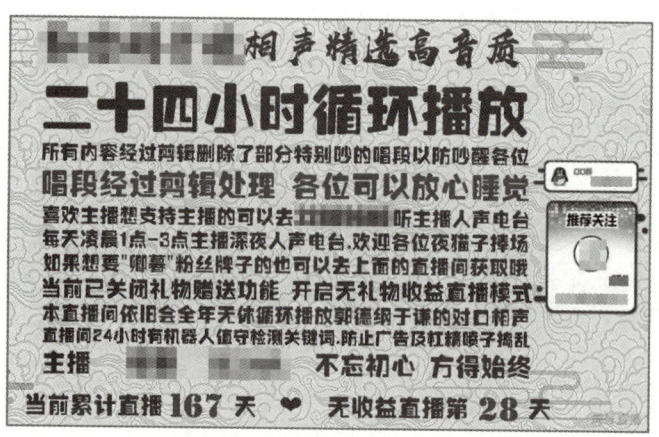

图5-14 内容多余的文案

对于内容策划来说，删除多余的内容是一种非常聪明的做法。一方面，重点内容更加突出，用户能够快速把握运营者要传达的意图；另一方面，内容将变得更加简练，同样的内容能够在更短的时间内传达，用户不容易产生反感情绪。

有的策划人员在创作内容时喜欢兜圈子，能够用一句话说清楚的意思非要反复强调，不但降低了内容的可看性，还可能导致用户食之无味。尽管内容策划是广告的一种,但是它讲究的是"润物细无声",要悄无声息地将所要推广的信息传达给目标用户,若过度地说空话、绕圈子,会有吹嘘之嫌。

专家提醒

有的策划者在创作内容时偏离主题和中心,乱侃一通,导致用户一头雾水,营销力也就大打折扣。内容策划的主要目的是营销,如果在一个文案中既看不到品牌,也看不到任何营销推广的意图,那么这就是一则中心主题不明确的反面案例了。

此外,内容策划的目的是推广,因而每个策划方案都应当有明确的主题和内容焦点,并围绕该主题和焦点进行文字创作。

图5-15所示为酷狗音乐和网易云音乐文案的部分内容。内容刚出来时还在网上引起了不小的讨论。虽说"浓缩就是精华",但有人认为这两个文案过于简单。其实不管是酷狗的"就是歌多",还是网易云音乐的"音乐的力量",他们的中心主题都很明确,而且文字非常简练,用户看到就能明白文案想要表达的中心意思,用户群体也乐于接受这样的营销内容。

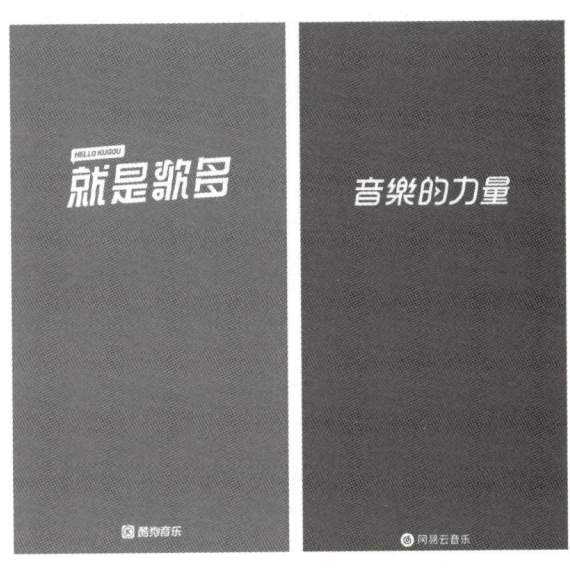

图5-15 简练的内容文案策划

5.2.3 内容要少用专业术语

专业术语是指在特定领域和行业中，对某一特定事物的统一称谓。在现实生活中，专业术语十分常见，如在家电维修行业中集成电路称为IC，添加编辑文件称加编等。

专业术语的行业通用性比较强，但是文案中往往不太需要。从内容策划的技巧出发，专业术语往往需要用更简洁的方式替代。相关的数据研究也显示专业术语并不适合大众阅读，尤其是在快节奏的生活中，节省用户的时间和精力，提供良好的阅读体验才是至关重要的。

图5-16所示为某设计小程序的部分直播内容。可以看到直播内容都是程序代码，这样会让一些不太懂行的用户看后一头雾水，而且直播对这些代码并没有进行解释和说明，只是将代码敲了出来，很多用户看完直播后还是不懂。

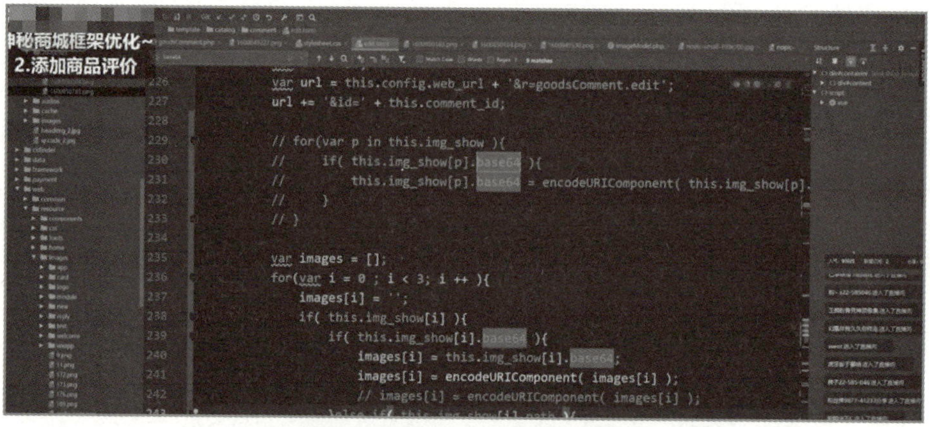

图5-16 使用专业术语的内容

减少术语的使用量并不是不使用专业术语，而是控制使用量，并且适当对专业术语进行解读，把专业内容变得通俗化。

5.2.4 内容策划重点要突出

内容主题是整个文案的生命线，作为一名策划人员，主要职责就是设计和突出主题，而且整个内容的成功与否主要取决于内容主题的吸引力。所以策划人员在写文案时，应以内容为中心，用简短的文字写出突出重点内容的文案，并确保文案与直播内容相互呼应，这样用户也就愿意花时间看这场直播。

图5-17所示为一只哈士奇的直播内容策划。该运营者并没有大篇幅地描述

这只哈士奇，而是直接将重点体现在标题中，显示在直播画面的左上角，让用户一看就明白。

图5-17 重点突出的文案

除了醒目、突出重点的内容之外，文案中的重点信息也必须在一开始就传递给用户，但是因为策划能力的不同，文案产生的效果也会有所差异。优秀的文案应该是简洁、突出重点、适合内容、适合媒介、适合目标用户的，形式上不花哨，内容上不啰唆。

5.2.5 策划思路要清晰顺畅

如果把直播内容策划比作一顿丰盛的午餐，那么，策划的干货内容就是基本的食材，内容的编写是食材的相互组合和制作，内容的发布就是餐盘的呈现顺序和摆放位置。这些都需要有一个全盘的策划，直播平台内容策划也是如此。

专家提醒

对于内容营销推广，有的人一天做很多场直播，有的人一个月才做一到两场。笔者了解到，由于直播直接带来的流量是非常少的，许多运营者觉得有必要做些口碑推广。所以一个整体的内容策划是十分有必要的，可以帮助主播整体把握直播节奏，更有效地带动直播流量。

内容营销需要有一个整体策划，需要根据企业的生产背景和产品特征策划内容营销方案，根据企业的行业背景做直播发布方案等，而不仅仅是直播的发布这一个动作。

关于内容的策划流程，具体如图5-18所示。

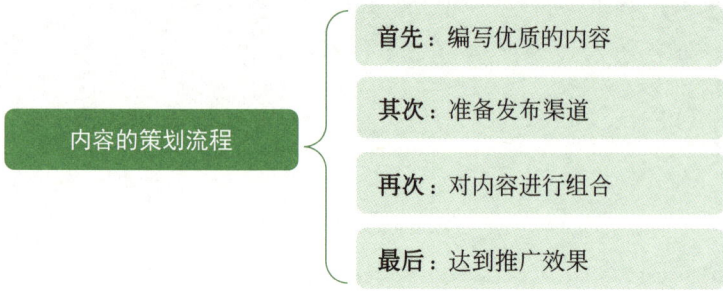

图5-18　内容的策划流程

在内容创作的过程中，常用的思路主要有归纳、演绎、因果、比较、总分和递进等，其中应用最为广泛的是归纳、演绎和递进3种。这3种创作思路同样都遵循循序渐进的基本要求，相关分析如图5-19所示。

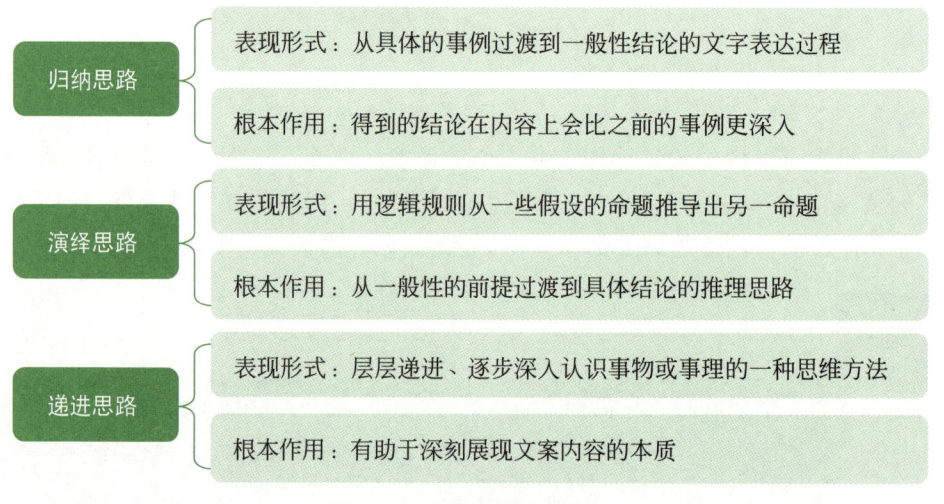

图5-19　常用直播思路分析

内容营销是一个长期过程，别想着只做一场直播就能带来多少流量，带来多少效益。做直播也不是"三天打鱼，两天晒网"，不是今天发十个，下个月想起来了再发几个，毫无规律。

内容营销，从实质上来说，并不是直接促成成交的推广方式，但长期有规律地发布直播可以提升直播间的形象，提高潜在用户的成交率。所以，要想让内容营销对用户产生深刻的影响，还得长期坚持内容推送。

潜在用户一般是通过直播认识主播，从而认识主播背后所代表的企业。但最终让他们决定购买的往往是长期的有规律的直播推广，当用户经常见到这个直播内容，就会在不知不觉中记住它，潜意识里会形成好印象。最后当用户需要相关产品时，就会优先选择购买了。

因此，在直播平台的运营中，内容的编写和发布是必须长期坚持的，"坚持就是胜利"这句对内容营销而言，并不只是说说而已，它要求具体实施，并在这一过程中获取胜利。对于坚持，它有两个方面值得运营者注意，一是方向的正确性，二是心态与行动的持续性。

① 方向的正确性。只有保证在坚持的过程中方向正确，才不会有与目标南辕北辙的情况出现，才能尽快地实现营销目标。在内容营销中，方向的正确性具体可表现在市场大势的判断和营销技巧、方式的正确选择上。

② 心态与行动的持续性。在内容营销过程中，必须在心态上不懈怠，在行为上不半途而废才能更好地获得成功。直播运营者要想获得预期的内容策划效果，长久、坚持不懈的经营是必不可少的。

5.2.6 内容要控制长度适当

控制字数主要是将整体内容的字数稳定在一个可以接受的范围内，这是首要的作用。用一句话作为单独的文案，突出展现内容是直播策划的常用技巧。

一句话的模式能够突出内容，也能够使呆板的文案形式变得生动。如果突然出现一句话成为单个段落，读者的注意力就会被吸引过来。

控制段落字数同样有突出文字内容的作用，在长篇的文案中较多采用，主要为起到强调的作用，让整篇文案显得长短有致，这同样考验了策划者的能力。

不管是怎样的文案，都需要选取一个细小的点来展开脉络，总归有一个亮点，才能将文字有主题地聚合起来，形成一个价值性强的文案。

内容策划无需处处有特点，只需要有一个亮点即可，这样的文案才不会显得杂乱无章，并且更能扣住核心。如今，很多文案在传达某一信息时，看上去就像记"流水账"一般，毫无亮点，这样的文案其实根本就没有太大的价值，并且这样的文案内容往往较多，导致可看性大大降低，让用户不知所云，如图5-20所示。图中标题内容太长，需要滑动才能看到完整的内容，否则无法知道直播的主要内容是什么。

图 5-20　标题长度展示案例

5.3 带货文案：直播策划要强互动

　　直播是一种动态的试听过程，主播可以在直播时呈现产品，更有利于增强产品的真实性。直播时可以展示产品的使用细节，帮助用户更好地了解产品的使用方法，更有利于实现商品的价值交换。

　　直播最大的价值就是吸引用户的注意力，赢取流量。在直播营销过程中，如果只是主播一直在介绍产品，那么用户肯定会觉得枯燥无味，会离开直播间，甚至会取消对主播的关注。这时，主播就应该充分利用直播平台本身的交互优势，及时与用户互动，这样才能带动用户的参与度，增强用户的参与感。比如，在展示商品的同时与用户进行交流沟通，及时回应用户提出的问题。因此，直播要有一种"综艺感"，加强与用户的互动。

专家提醒

　　用户在直播中获得了自己想知道的信息，大大提升了参与感，已经不再是单纯观看直播了，这也使得直播营销的业绩不断提升。

在直播营销中，不仅有主播与用户的互动，也有用户与用户的互动。比如，用户之间用弹幕进行交流，谈论产品的性价比等。用户在进行交流的同时，会产生从众心理，进而提高购买率。

5.3.1 开场满送聚集高人气

在直播的过程中，用户的关注度会相对较高，直播的画面也更为形象、生动，且在直播间内，不会受到其他同类商品的影响。因此，直播带货中的商品转化率比传统的电商转化率更高，这也是直播带货流行的原因之一。那么，如何成为高转化率的直播间呢？

这里笔者分享一个小技巧：开播前设定一个数值，当人数达到设定数值，就进行抽奖活动。一来可以让已经在直播间的用户心中有所期待，就会一直关注直播间，只等人数达到要求就进行抽奖，等待之余还可以浏览直播间的商品，一举两得；二来"免费""抽奖"等字眼总能吸引一批用户前来观看直播。

对于用户来说，就算你对直播产品没有兴趣，可要是知道下一秒就是免费抽奖活动，你愿不愿意为它多停留一会呢？

所以，一场好的直播并不是一时兴起，在开播前累积人气，举办一个小活动，能让直播达到事半功倍的效果。

5.3.2 整点抽奖持续赢关注

大部分用户进入直播间，就表明他在一定程度上是对产品有需求的，即使当时的购买欲望不强烈。主播完全可以通过抓住用户的痛点，让购买欲望不强烈的用户也采取下单行为。

有了想要购买的欲望是远远不够的，对于用户来说，购买一件商品的关键性因素是什么？是刺激用户消费的动力。试想一下，如果你拥有两百元，但是你舍不得买这件产品，怎么办？是就此放弃，还是再观望看看？

就在这个时候，你突然看到整点抽奖的动态，你会不会点开它？答案是会的。在你踌躇不定的时候，给你一条新的道路你会毫不犹豫地选择它。

整点抽奖活动就是有效解决消费痛点的办法。不仅在经济上具有实际价值，还能提升直播用户的关注度，让他们对直播间一直抱有期待，从而提高直播间的人均观看时长。

> **专家提醒**
>
> 找准用户的痛点，并从用户的痛点切入，用户就会主动采用能够解决自身痛点的办法，这时，用户很可能就会通过向主播寻求帮助来解决痛点问题。主播可以通过整点抽奖活动解决用户的痛点，让他们持续关注这个直播间，让他们产生一定要拥有这个产品的想法，这样才能维持直播间的人气。图5-21所示为用户人群特征和用户行为分析。
>
>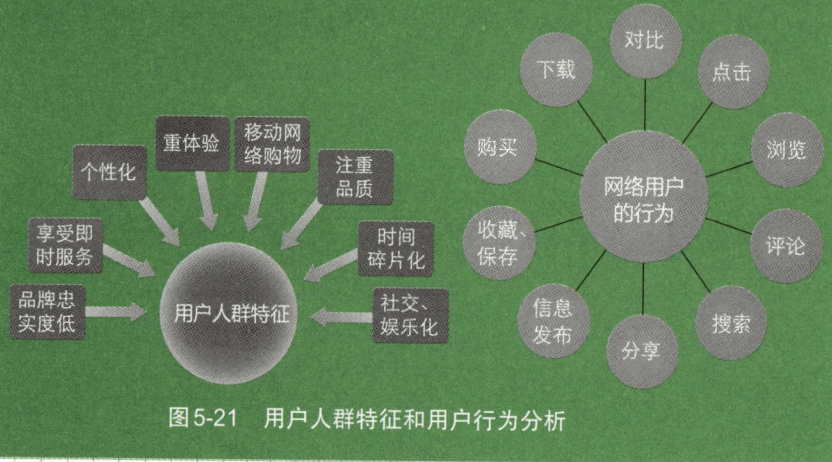
>
> 图5-21 用户人群特征和用户行为分析

在直播间的用户，往往就缺少一点消费的勇气。整点抽奖，不仅会维持直播间的人气，让用户持续关注，还会激发出用户的购买欲。图5-22为某化妆品品牌举行的整点抽奖活动。

图5-22 某化妆品品牌举行的整点抽奖活动

5.3.3 问答抽奖提高积极性

问答抽奖已成为直播间互动的主要形式。在直播圈中，UGC（即User Generated Content，意为用户创造内容）已经成为一个非常重要的概念，占据着非常重要的地位，影响着整个直播领域的内容发展方向。在直播营销里，UGC主要包括两方面的内容，具体如图5-23所示。

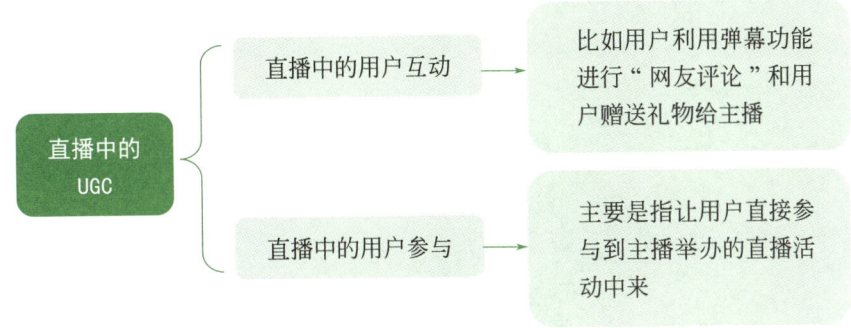

图5-23　直播中的UGC

要让用户参与到直播中来，并不是一件简单的事，而是要具备两个必要的条件才能完成的，即优秀的主播和完美的策划。

在具备了上述两个条件的情况下，基于直播潮流的兴起，再加上用户的积极配合，一场内容丰富有趣的直播也就不难见了。

在直播过程中，用户是直播主体之一，缺失了这一主体，会导致直播目标和任务难以完成。而一问一答的抽奖方式，不仅能提高用户的参与度，提升用户的积极性，也避免了主播的尴尬。直播从来就不是一个人的独角戏，这是一场双向的交流。

5.3.4 限量秒杀拉高人气值

一个优秀的主播实际就是一个优秀的推销员。作为一个直播商品推销员，最关键的就是可以获得用户的流量并顺利转化。如果不能提高直播间的转化率，就算主播夜以继日地开播，也很难得到满意的结果，而一场限量秒杀活动能让直播间商品的转化率瞬间爆发。

当然，主播的情绪对于转化率是非常重要的。主播要明白，直播销售决定了主播不是一个娱乐性质的工作，只有可以带货的主播才是这个行业需要的主播。要想拉高人气，主播自己的情绪积极性必须先提高起来。

要想成为大主播，就先得让自己成为一个优秀的推销员，在给用户讲解商品时，要学会声情并茂，而不是冷淡、面无表情。主播的情绪是会影响商品转化率的，没有好情绪，就不会有好的转化。

在直播销售中，用户和主播之间是基于商品和主播自身魅力这两种强有力的纽带来连接的，而信任则是连接的桥梁，连接的强弱表明用户对于主播的忠诚度。如果敏感型的主播一直不能进行自我情绪管理，就很容易在与用户的相处过程中消磨用户对自己的信任感和忠诚度。图5-24所示为情绪维度分析。

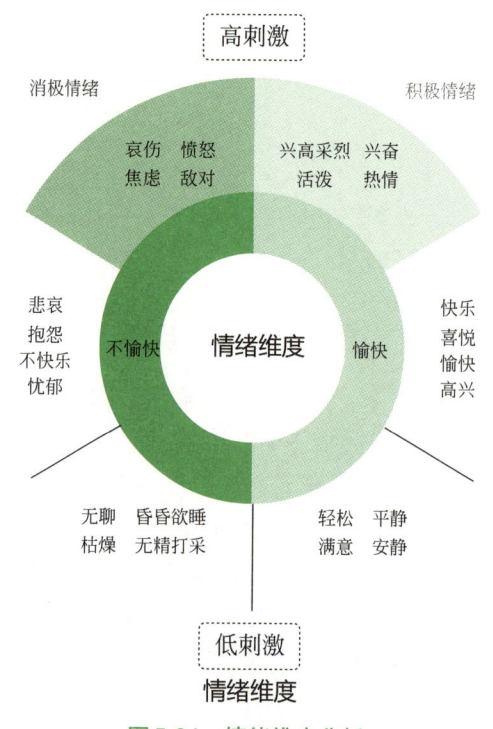

图5-24　情绪维度分析

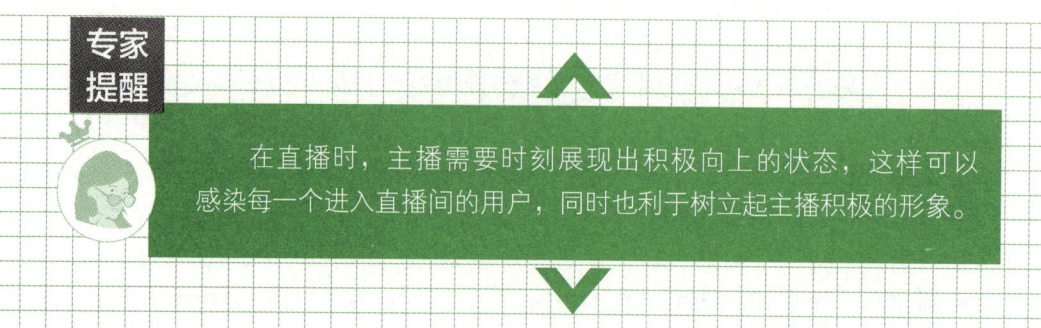

在直播时，主播需要时刻展现出积极向上的状态，这样可以感染每一个进入直播间的用户，同时也利于树立起主播积极的形象。

> 如果主播自己的状态低沉，情绪不佳，就很难吸引正在观看直播的用户购买自己推荐的商品，甚至会使得他们退出直播间，进入其他的直播间观看直播，其带货状态无疑是在减少自己的用户数量。

在直播中，主播会碰到各种类型的用户，这些用户由于自身立场的不同，看待事情的角度常常是截然不同的，这就要求主播在带货过程中，有针对性地去进行引导。图5-25所示为直播间的用户类型。

用户类型
- 铁杆粉丝：发自内心地维护主播，同时自己也会主动在直播间营造氛围
- 购物者：注重自我需求，在直播间更倾向于关心商品的质量和价格
- 娱乐者：忠诚度和购买力较低，部分人员素质低下，喜欢抬杠、骂人

图5-25　直播间的用户类型

主播应根据不同类型的用户来进行情绪管理。首先了解进入直播间观看直播的用户类型，学会根据不同的用户类型有针对性地进行沟通和互动，这样可以更加有效地达到想要的效果。

在面对自己的铁杆粉丝时，主播的情绪管理可以不用太苛刻，适当地和他们表达自己的烦恼，宣泄一点压力反而会更好地拉近和他们之间的关系。

至于购物者类型的用户，他们一般是以自我需求为出发点，很少会看重主播的人设或其他，只关心商品和价格。面对这种用户，就需要主播展现出积极主动的情绪，解决他们的疑惑，同时要诚恳地介绍商品。

专家提醒

> 主播在面对娱乐者类型的用户时，常常会碰到部分素质较低的用户，他们可能以宣泄自己的负面情绪为主，会在直播间和主播抬杠，并且以此为乐。这时，主播要进行情绪管理，对他们一味忍让是没有意义的，可以在向其他用户表示歉意后，请场控帮忙处理。

有了一个情绪高昂的主播，接下来我们来看限量秒杀是如何拉高用户情绪的。首先是"限量"，意思是稀缺，物以稀为贵，往往机会越难得的产品，吸引力就更大。其次是"秒杀"，产品的价格低，但是购买的时间少，与此同时还可能有大量的竞争对手，可能会遇到网络卡顿等问题。直播就是这样，在最短的时间内迅速激起用户的购买欲。

饥饿营销的方式往往会受到策划者的追捧，利用稀有内容还可以提升直播间的人气，无论是对主播还是企业来说，都是增加曝光的好机会。

专家提醒

不管是用哪种营销方式，产品的性价比是第一位。主播与企业在使用饥饿营销时需根据自己的实际情况灵活运用，找到最适合自己直播间的方式，不能生搬硬套。

5.3.5 神秘黑盒制造惊喜感

一般说来，大部分人对那些未知的、刺激的东西都会有一种想要去探索、了解的欲望。所以，直播运营者在制作直播的时候就可以抓住用户的这一特点，让直播内容充满神秘感，满足用户的猎奇心理，这样就能够获得更多用户的关注，关注的人越多，直播被转发的次数就会越多。

能满足用户猎奇心的最佳内容策划方式就是"神秘黑盒"，即商品福袋和商品搭配等，采用一口定价和盲拍的方式，让用户开袋就获得惊喜。不知道商品的内容，往往都带有一点神秘感。

能够满足用户猎奇心理的直播内容策划常常会设下悬念，用来引起直播用户的注意和兴趣。又或者直播标题里面所出现的东西都是用户在日常生活中没见到过、没听说过的新奇的事物，只有这样，才会让用户在看到直播标题之后，想要去查看直播的内容。

专家提醒

像这样的具有神秘感的直播并不一定本身就很稀奇，而是在直播策划制作的时候，抓住用户喜欢的视角或者是用户好奇心比较大的视角来展开，这样展开的直播，用户在看到之后才会有想要查看直播具体内容的欲望。

除了使物品具有神秘感，还可以邀请那些经过专业培训的人和娱乐明星等作为嘉宾来参与直播互动。作为直播间的神秘"大咖"，他们能拉高直播间的人气，为用户带来惊喜。另外，还可以邀请一些具有某一技能或特色的素人高手来做直播，这也是一些直播在网络上比较火的原因之一。

所谓"高手在民间"，在直播平台所涉及的各领域中，现实生活中总会有众多在该领域有着突出技能或特点的人存在。直播平台可以邀请相关人士做直播，这样一方面可以丰富平台内容和打造趣味内容，另一方面素人高手的直播，与平台培训的主播或明星直播无论在风格还是内容上都是迥然不同的，这必然会吸引平台用户的注意。

在现有的直播行业中，还是有着许多这样的案例存在的，无论是在知名的直播平台上，还是企业自身推出的直播中。

除此之外，还有一些主播利用现有的资源来打造直播节目。虽然他们的节目可能还存在一些运营方面的问题，但是他们的直播内容是根据自身的实践、思考和感悟来策划的，更能体现真实性和趣味性。

文案编写篇

第6章

预热文案：
让用户第一眼就产生兴趣

> 直播效果好不好，预热很重要。提前为直播间聚集人气，打造良好的直播开端，是一场成功直播必不可少的策划内容。那么，作为新手，在没有粉丝基础的前提下，如何制作直播预热文案才能吸引更多的用户呢？本章将为读者详细介绍。

6.1 海报预热：引导用户关注

　　直播预热从策划到落地执行不亚于一场小型演唱会宣传，需要花费大量的时间和精力，并不比直播轻松。预热不是简单地告知，而是加上各种有噱头的元素，提前引来爆点，提升用户的参与热情，让直播成为传播热点。这一节将对直播预热的海报文案及其推广技巧进行简单说明，帮助运营者更好地进行直播。

6.1.1 海报型推广预热

为了保证直播的顺利进行，我们需要对直播海报进行预热，提前吸引用户关注，保障直播的流量来源。常见的预热海报类型有以下3种，如图6-1所示。

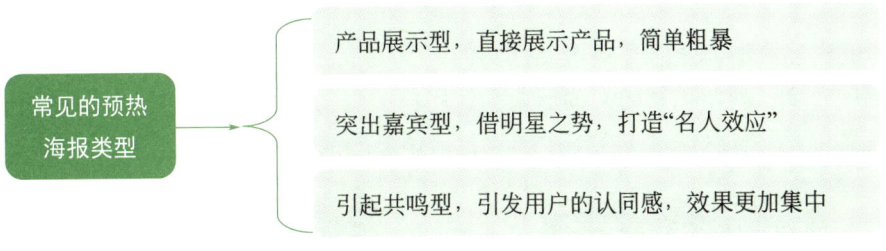

图6-1 常见的预热海报类型

如果直播预热的效果良好，甚至超出了预期，运营者可由此判断活动很受欢迎，从而提前准备欢迎更多的参与者，同时提高用户福利，提前做好平台人数测试。如果直播预热的效果不佳，可能是活动策划有问题，例如海报的设计不符合用户定位、用户福利或抽奖赠送力度不够大、活动形式不够吸引人等，运营者要根据实际情况作出调整。

（1）产品展示型

产品展示型直播海报直截了当、开门见山，能够最大限度地让用户了解直播的目的。海报上的文案内容需注明直播的时间和地点，直接展示产品内容，用尽可能少的文字说明直播的主题。

图6-2所示为某服装品牌直播间，可以看出，该直播就是主打开学季新生服装。海报上没有多余文字，直接点明时间、地点和主题，然后通过放大文字、展示服装的方法，在最短的时间内吸引用户注意。

这种预热海报简洁明了，既能清晰表达直播目的，又能节约制作成本，避

113

免因海报过分复杂带来的人力物力的浪费，也可避免因部分用户不喜花里胡哨的内容而导致的用户流失。

俗话说"浓缩就是精华"，如何用最简短的文字表达出最多的内容，这对运营者来说也是一大挑战。运营者可借助图片、动画等内容来打造预热海报，将图片与文字相结合，共同发挥出语言与图画的魅力。

（2）突出嘉宾型

突出嘉宾型海报主要是借助嘉宾的人气流量，产生"名人效应"，进一步加大宣传力度。利用嘉宾的人物形象，让用户产生强烈的兴趣。图6-3所示为某嘉宾写真，运营者可以自主在图中加入直播预热海报的宣传内容。

图6-2 直接说明直播目的海报

图6-3 突出嘉宾型宣传海报

> **专家提醒**
>
>
>
> 这里的嘉宾不仅仅是指明星代言，还可以是行业大咖、职业专家以及网红主播等。这种类型的海报文案也不需要其他花里胡哨的内容，在海报中加入一个或多个嘉宾即可，以扩大直播预热的影响力。

（3）引起共鸣型

引起共鸣型海报就是打感情牌，通过挖掘产品背后的故事，以情动人，以求能与用户达到情感上的共鸣。这类型的海报大多旨在营造一个温暖动人的氛围，谋求与用户建立情感上的联系，如永久温暖的亲情、白头偕老的爱情和互帮互助的友情等。

图6-4所示为宣传友情的海报。以唐老鸭和黛丝之间的友情为灵感设计的双子卫衣宣传海报，可以让那些想要和闺蜜一起穿同款的用户产生共鸣，从而吸引她们去直播间下单购买。

图6-4　引起共鸣型宣传海报

有了好的直播海报策划还不够，海报的制作过程也非常重要。下面为大家总结了运营者制作海报时需要特别注意的3个问题。

① 像素问题。尤其是有嘉宾出现的海报，像素是非常值得注意的一大问题。如果海报模糊，将会非常影响用户的观看体验，极有可能导致预热失败。

② 色调问题。海报色调要尽可能地统一，尽量控制在3种色调之内，这样会更有视觉冲击力。同时，色彩的选用也应考虑直播所需营造的氛围，不同的颜色所营造的感情基调也不同。

③ 文字问题。由于海报主要起宣传作用，图片更容易被用户接受，所以海报中应尽可能少地出现文字。同时，文字的式样、大小和呈现形式都应精心设计。

6.1.2 倒计时文案预热

数量稀少的东西总能引起用户的注意。采用倒计时文案，能够营造一种紧张刺激的氛围，同时提醒用户直播马上就要开播了，不要错过了直播时间。

每天发布倒计时直播海报，能够对用户产生持续性的刺激。如果用户今天没兴趣，那么运营者第二天继续发布海报，总有那么一张海报和一款产品能够吸引直播用户的注意力。宣传推广考验的就是运营者的耐性和坚持不懈的精神，而且直播倒计时海报能让用户紧张的心情被充分调动起来，让人忍不住想要进入直播间瞧一瞧，如图6-5所示。

6.1.3 朋友圈文案预热

直播预热海报文案不仅能在各直播平台上发布，运营者也可在朋友圈进行宣传。首先利用运营者自身的关系网，在自己的亲朋好友之间传播，然后再进行朋友与朋友之间的推广。稳定的人际关系可以提高营销转化率，而微信朋友圈的使用频率几乎能涵盖所有的智能手机用户。

朋友圈宣传直播文案的方法简单易学，可以直接转发精心制作的海报，再配上一段能吸引亲朋好友关注的文字，就能达到宣传的效果，如图6-6所示。

图6-5 直播倒计时海报

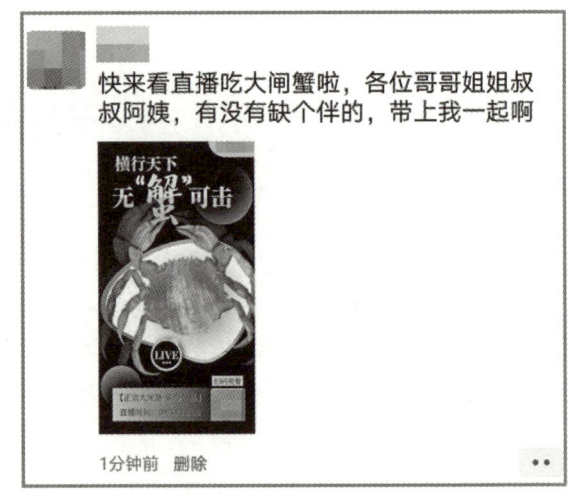

图6-6 朋友圈直播宣传案例

另外，运营者在朋友圈宣传文案时，不要过度夸大产品效果，否则当产品效果没有达到期望值时，就会降低用户对产品甚至运营者本人的信任。长久之后,用户容易对运营者发布的信息产生厌烦之感。

那么,如何让运营者发布的信息在朋友圈掀起风浪呢?笔者为大家总结了4大要点以供参考,如图6-7所示。

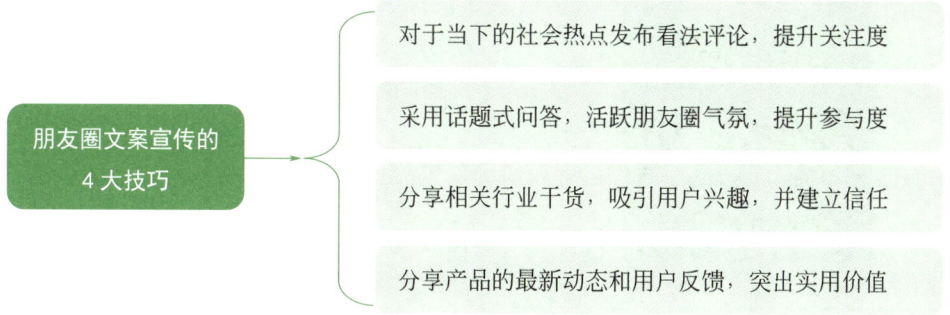

图6-7 朋友圈文案宣传的4大技巧

（1）社会热点

在进行直播宣传之前,运营者可以提前在朋友圈积攒人气,实时关注社会热点,发表自己的见解。这样有相同见解的用户就会给你点赞,见解不同的也可以在评论区发表自己的看法,相互讨论,营造一种积极向上的朋友圈氛围。久而久之,用户每当遇上国家大事或者社会舆论想要直抒胸臆时,就会下意识地察看你的朋友圈文案。这时候,恰当的直播推广也不会引起用户反感,反而会带来意想不到的效果。

（2）话题式问答

一问一答式朋友圈文案能提升用户的参与感。运营者可以在朋友圈发布脑筋急转弯、星座测试、性格测试和一些有关的小调查、小测验等,如图6-8所示。

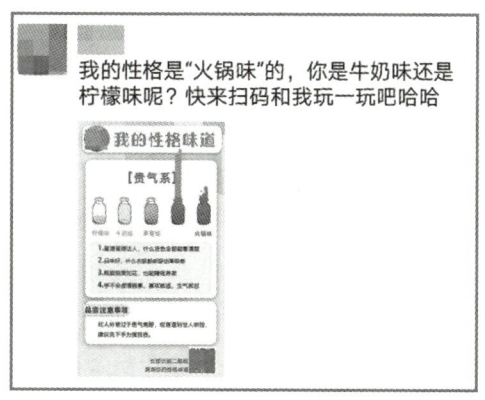

图6-8 问答式朋友圈文案

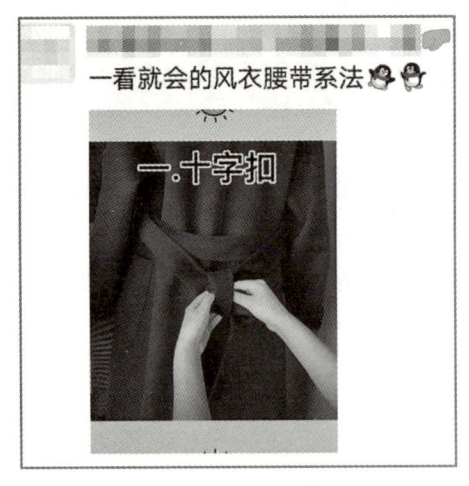

图6-9 分享实用干货

另外,有奖问答是用户始终热衷的活动之一。运营者可以针对直播间的相关内容或者产品的相关知识提出一些小问题,吸引用户有奖竞猜,这样既能调动朋友圈用户的热情,又能增强用户对直播间的了解,两全其美。

(3)行业干货分享

从用户遇到的普遍问题出发,运营者可以分享这些问题的解决办法。另外,对于相关行业内的专业知识,运营者可以用通俗易懂的文案表达出来,也可以做成视频,这样既可以帮助有兴趣但看不懂专业知识的用户快速学会,同时又可以获得用户的信任,如图6-9所示。

(4)产品动态和用户反馈

产品的最新动态文案是用户点击进入直播间的窗口。试想一下,如果用户连你在卖什么产品都不知道,又如何购买产品?分享产品的最新动态,让用户关注并了解,进而激发用户进入直播间的兴趣。

用户反馈就是通往用户购买产品的桥梁。产品效果好不好,运营者一个人的评价是没有用的。运营者在朋友圈分享用户反馈,不仅能提升产品的价值,更能抓住目标用户,为以后用户购买产品打下坚实的基础。

图6-10所示为某服装品牌发布的产品最新动态和用户反馈。

另外,运营者也可以通过日常寒暄的形式,在不经意间将产品推广出去,如图6-11所示。图中运营者通过与用户道早安的方式,趁机发布最新服装图片,淡化营销痕迹,制造温馨的朋友圈氛围。

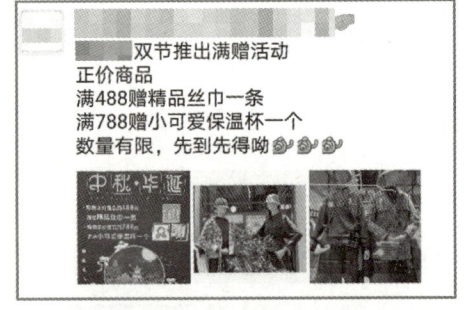

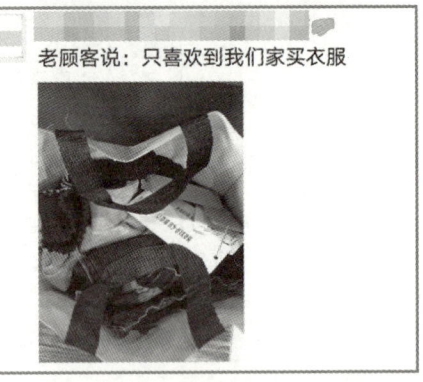

图6-10 产品最新动态和用户反馈

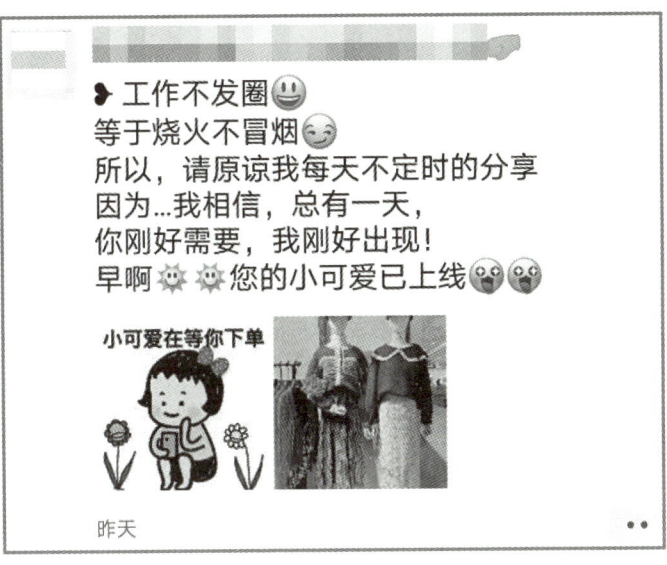

图6-11 日常寒暄推广产品

6.1.4 微信群文案预热

相对于朋友圈来说，微信群是一个更私人化的平台。有些用户不会天天登录直播平台，但会用微信进行日常交流，这时候微信群就是一个直播宣传工具。

微信群可以帮助直播运营者把感兴趣的朋友聚集在一起，可以引导群成员每天分享观看直播体验或者产品效果。运营者也可以实时收获直播经验，及时总结自己的优缺点，打造一个私人化的流量平台。

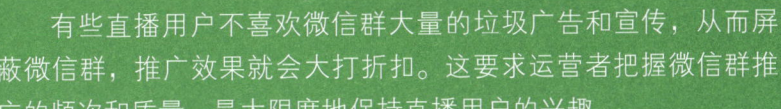

有些直播用户不喜欢微信群大量的垃圾广告和宣传，从而屏蔽微信群，推广效果就会大打折扣。这要求运营者把握微信群推广的频次和质量，最大限度地保持直播用户的兴趣。

在微信群进行直播海报推广，可以采用一些小活动，比如发红包吸引已在微信群的用户邀请新用户进群，或者微信群满两百人就进行免费抽奖活动等。

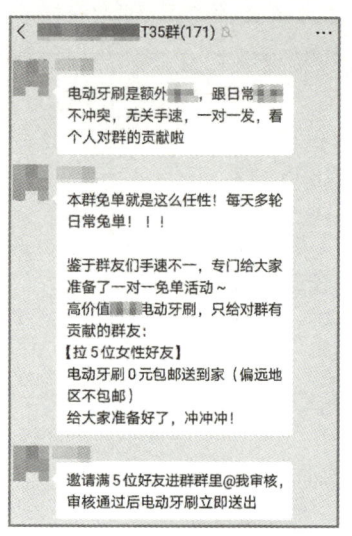

图6-12所示为有关电动牙刷直播的微信群文案。运营者表示只要邀请5位好友进群,就能免费获得一支电动牙刷。这种方式不仅利用了用户的占便宜心理,让用户心甘情愿地邀请朋友进群,也能起到产品宣传的作用。只有更多的用户进群了解直播信息,才能保障直播间的热度,让用户呈裂变式增长。

由此可见,能真正赚钱的微信群文案是不会直接打广告的,也不会直接推广直播产品,他们是通过微信群赠送礼物、贡献价值、互拉好友的方式来促进购买率的。

图6-12 微信群产品宣传案例

6.1.5 公众号推文预热

微信群推广直播信息,不可避免地连带着微信公众号的推广。公众号可以在后台将用户分组,区域化的划分便于用户的精准定位,进而分类推送他们感兴趣的直播。相对来说,公众号推广直播文案的可操作性更强。图6-13所示为"手机摄影构图大全"公众号上发布的直播宣传文案。

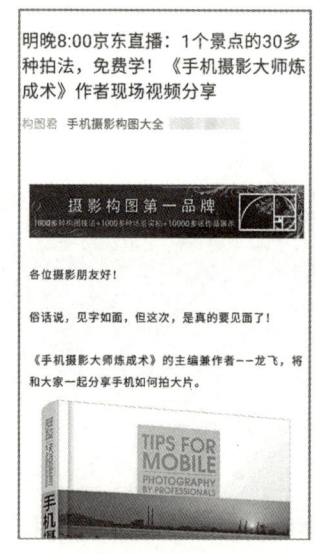

图6-13 公众号直播宣传文案

另外，公众号还有一大独特优势，就是可以给每位用户发送语音信息。公众号已不仅仅是简单的图文推送，语音夹带着图片的方式越来越受广大用户的喜爱。声音的传播更具有亲和力，能让用户真实地感受到运营者，通过声音对运营者有一个模糊的定位，引人遐想。若运营者的声音有磁性，更是能吸引一批"声控"用户前来观看直播。

6.1.6 线下文案的预热

线下门店宣传也不失为推广直播的一个好办法。线下宣传直播的方式有很多种，比如印发宣传册、发名片、发传单等。一个成功的线下宣传可以在短时间内聚集用户，实现用户与商家的直接沟通。

现今，单一的宣传模式已无法满足用户的需求，仅线上宣传，用户无法体验到产品的效果，仅线下宣传可能又会力度不够，因此，只有将两者结合起来，才能达到更好的预热效果。

6.2 真人出境：内容口播硬广

直播预热文案的重点在于让用户了解什么时间将做什么事情，直播时会发几次红包以及有什么优惠等。既要吸引用户进入直播间，又要满足用户的消费欲望。

真人出境就是指主播亲自出境，口述即将直播的内容，以及前期为用户砍价的过程，主播也可分享自己努力工作的原因，争取与用户产生共情。这种直播宣传文案能真正看出一个主播的实力。接下来将为大家介绍策划直播预热文案的两大方法。

6.2.1 设置悬念的方法

设置悬念是直播间屡试不爽的一个方法。试想一下，用户在进入直播间之前就保持一种好奇心，看完直播就有一种恍然大悟的感觉，这种方法能在很大程度上激发用户的购买欲。

当然,设置悬念必须要在尊重客观事实的基础上。用户以为是A,但不是A,是什么呢,用户想知道。最后结果是B,但是为什么是B呢,主播要合理地解释,让用户理解,不能让用户看完后还是一头雾水。

如今,传统平铺直叙的表达方式已经很难再吸引用户了,而那种抽丝剥茧能带领用户一起探索结果的方法,能让直播用户数呈现出螺旋式上升的趋势。设置悬念就是充分运用了用户的好奇心理,当直播预热文案快要发展到高潮时,戛然而止,吸引用户继续探索。

图6-14所示为某知名带货主播的直播预热文案。文案中采用"填空题"的方式设置悬念,又采用"如果不能……,怎么会……?"的句式,激发用户的探索欲。

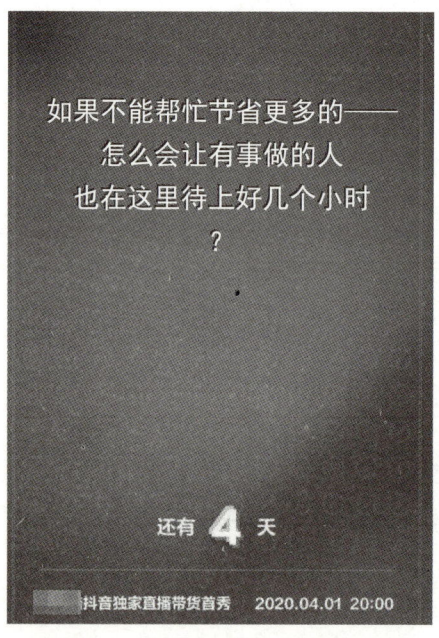

图6-14 设置悬念的直播预热文案

6.2.2 运用数字的方法

数字可以使文案表达的说服力变得更强、更加准确。直播预热时使用数字,能让文案更具科学性,可以让用户更加直观地感受产品卖点。例如,直播预热介绍产品时,可以写这样的文案提示牌"到手价9.99元",如图6-15所示。

图6-15 运用数字进行直播预热

> **专家提醒**
>
>
> 当运营者无法给出明确的数字时,也要估算出最接近真实值的数字,力求严谨,要做到有据可依。例如,这款产品的销售数量将近一百万。因为无法得知准确数字,就可以用"将近""约"这种概述的方式来表达。

6.3 文案推广:快速提升人气

以上介绍了制作直播预热文案的几大要点,那么制作完成后,怎样才能在平台上吸引更多的用户前来观看呢?本节就从6个方面介绍在直播平台上如何快速推广直播间,提升直播间人气,获取高流量高效益,以达到最佳预热效果。

6.3.1 同城定位推广

以抖音直播为例,直播推荐分为两种,一种是全平台的推荐,另一种是同城推荐。通常来说，同城会根据用户位置自动定位，界面中间会显示直播间与用户的距离，靠近右边中间位置会有直播提示，抖音用户只需点击该位置，便可直接进入直播间，如图6-16所示。

图6-16　抖音同城推荐界面

不要小看由同城进入直播间的用户，人气都是一点一点聚集起来的。俗话说，老乡见老乡，分外亲切。在互联网上也同样适用，用户与用户、用户与主播之间都带有独特的亲和力。运营者操作得当的话，同城也将是直播间人气上升的主要途径之一，如图6-17所示。

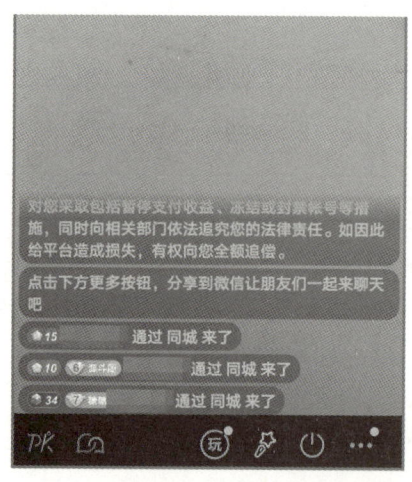

图6-17　通过同城界面进入直播间的用户

6.3.2 账号主页推广

为了方便用户查找，运营者在设置直播简介时，可以写上直播时间和内容。图6-18所示为虎牙直播平台某主播主页简介。

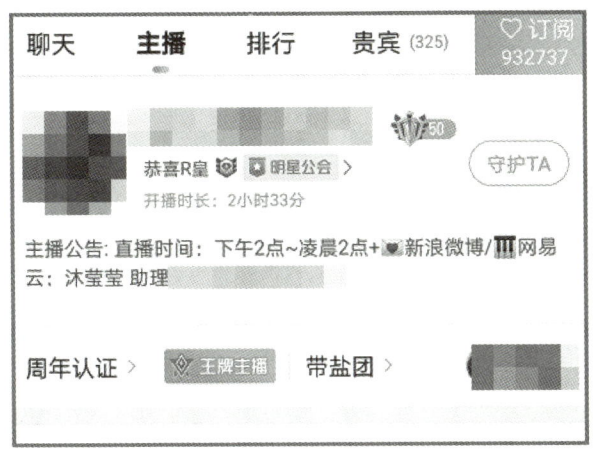

图6-18　虎牙直播平台某主播主页简介

除此之外，直播账号简介应具有辨识度，用户能够一眼记住。运营者可以根据自身的风格完善账号简介，例如加上自己的亲身经历、表情包等。图6-19所示为斗鱼直播平台某游戏主播的主页简介。

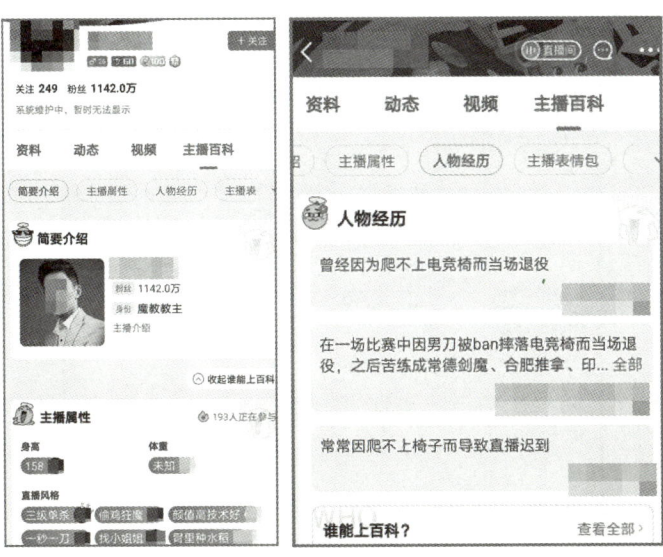

图6-19　斗鱼直播主页简介

对于运营者来说，账号的简介越详细越好。账号内容越多，越有助于用户构建你的人物模型，丰富你的人物形象。拥有千万级粉丝的账号简介文案中，不仅有运营者自己编辑的内容，还有用户对他的评价，主播参与的社会活动都会显示在内，如图6-20所示。

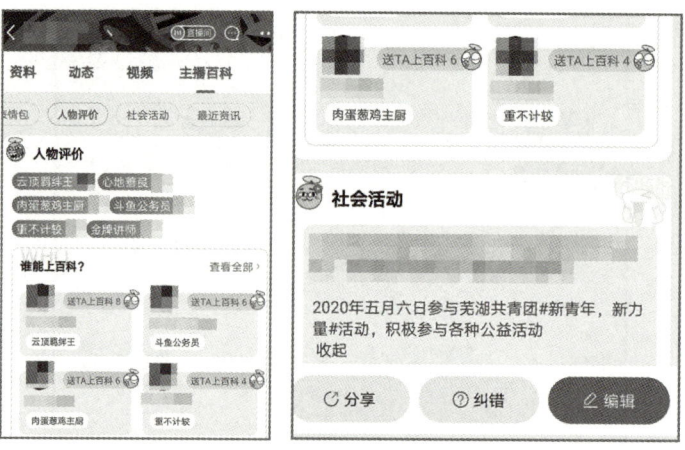

图6-20　拥有千万级粉丝的账号简介文案内容

6.3.3　保证直播频率

主播保证直播频率有利于粉丝形成观看习惯，进而长期关注主播。同时，主播应有自己固定的直播时间段，不要随意更换。图6-21所示为有固定直播频率的直播间。该主播表明"永不断播"，既有利于稳固粉丝，又能看出主播坚持不懈的品质，提升用户的信任度。

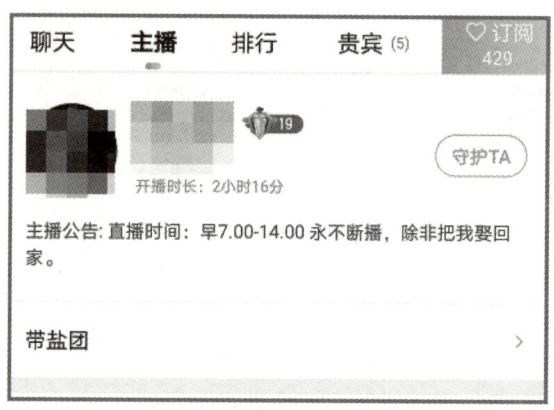

图6-21　固定直播频率的简介文案

运营者也可以根据目标用户的休闲时间来选择开播时间。如果你的目标用户是上班族，那就尽量选择周六或者周日进行直播；如果目标用户是大学生，则可以选择晚上进行直播。当然，如果你是全职主播，也可以根据自身的适应情况，什么时间段进行直播都可以。

6.3.4 更多曝光时间

直播的规模不同，预热的时间也不一样。有的预热时间长达两三个月，有的预热时间只有短短两三天。如果直播活动比较急，预热时间短，运营者需快速整合资源，集中推广，保证稳定的用户人数，争取更多新用户。当预热时间充足时，就可分阶段进行预热宣传，巧妙借助宣传期间发生的热点，借势得到更多的曝光机会。

预热期间有些热点是可预知的，例如中秋、国庆、奥运会等。运营者可以提前策划热点活动，将热点与直播间结合起来，找到两者的结合点。等快到热点爆发时，进行直播宣传推送，趁机收获流量用户，争取达到最大的曝光度。

做直播预热文案时还有些热点是不可预知的。遇到这种情况时，运营者要快速反应，判断热点与直播间是否匹配，能否找到共同点，找出借势的优点和缺点。预热只是直播的前期工作，倘若借势不当，不仅前功尽弃，后期的直播可能也无法进行。在预热时，一些负面的、无关的热点，运营者不要盲目从众，要有自己的思维想法，对于合适的热点，也应思考如何搭上"顺风车"。

6.3.5 粉丝好友分享

直播间的分享通道也不失为直播预热的一个好办法。以哔哩哔哩直播平台为例，虽然直播尚未开始，但是只要有直播预约，用户就可以搜索到运营者的直播间，只是在直播封面右上角会出现"未开播"字样，如图6-22所示。

点击进入直播间，界面上方会显示"主播未开播"，点击右上角的设置键 ⋮ ，用户可以将直播分享给好友，如图6-23所示。

图6-22 哔哩哔哩未开播直播界面

直播间用户的分享是较为私人的分享，平台限定用户只能将直播间分享给自己的QQ好友、微信好友等，如图6-24所示。这意味着分享的人群为用户较为信任的人，这样的分享能确保直播推广的效果。

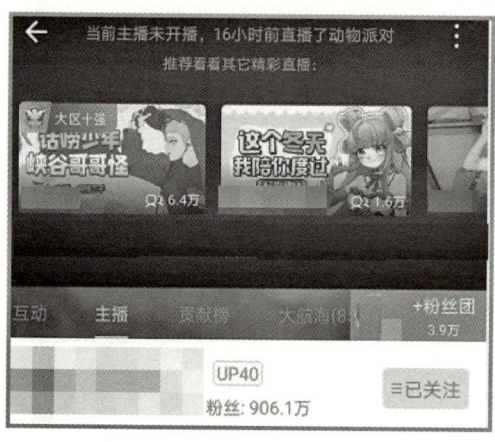

图6-23　哔哩哔哩直播分享界面

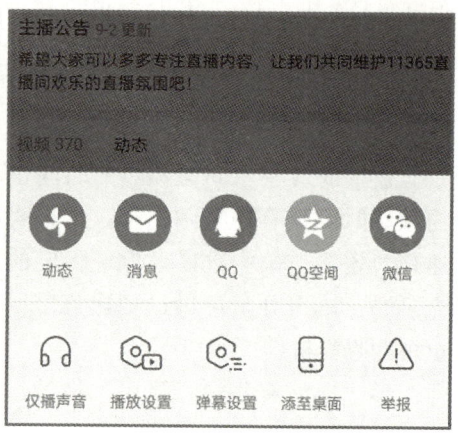

图6-24　哔哩哔哩直播分享渠道

6.3.6　主播连麦推广

毫无疑问，直播是当今互联网领域的热点之一，吸引了大量的商业机会。各种直播软件层出不穷，直播应用也已到了白热化的阶段。只有牢牢跟随时尚风口，不断创新，才能在不断发展的时代站稳脚跟。

主播连麦就是直播应用的一股新潮流。据分析，有进行主播连麦活动的直播间比没有连麦的直播间的用户数量高得多，连麦的直播间活跃度很高，用户的参与感更强。

运营者在进行预热活动时，也可以将主播连麦作为主打活动来宣传，向用户展现出一个能言善道、多才多艺的主播形象。

主播连麦又分为主播与用户连麦、主播与主播连麦这两大类。

主播与用户连麦，参与用户可以是直播间某一个用户，也可以是好几个用户，旨在增强用户的积极性和参与感，并且其他用户能够看到连麦的过程，进一步活跃直播间的氛围。主播与用户连麦，还增强了直播间的趣味性。这样不管你是来自北方的草原，还是南方的湖畔，都能通过连麦无障碍交流。

主播还可以举行一些小游戏和活动，例如让用户分享自己的地域文化，或是出一些小题目让用户竞猜，又或是让用户表演节目等。这样其他用户在一个直播间就能在线体会到多个地方的文化，在吸引用户的同时，也让直播间内容变得更丰富全面。

主播与主播之间连麦主要是以PK的方式展示主播的才华。主播可以选择唱歌或是跳舞，口才好的可以来一段相声。

作为一个新主播，不要害怕与"大主播"连麦，赢了当然更好，输了也不要紧，可以快速提升直播间的人气。流量多的直播间氛围好，与这类主播连麦时，重点是展示自己的才艺，博取用户的好感，争取更多用户的关注。

> **专家提醒**
>
> 在遇到"大主播"时，可以适当地刷一下礼物。适当的礼物能加深"大主播"对自己的印象，加深直播间用户对自己的好感，就像是新客登门拜访随手带点小礼物一样。俗话说，礼轻情意重。礼物的多少不重要，重要的是主播的态度和心意。

值得注意的是，主播在选择连麦对象时还得有一定的"眼力"。如果对方主播正在倾诉情感，或者情绪起伏较大时，建议各位主播可以稍等一下或是重新选择连麦对象。

另外，笔者为大家总结了连麦时的四大禁忌，大家在直播时尽量不要出现这些问题，否则会很容易造成用户流失。

第一，切忌喧宾夺主。不管是遇上同级别的主播还是"大主播"，都不要不分主次。

第二，切忌生拉硬拽。连麦目的固然是提升直播间人气，但是当用户并没有关注自己直播间的兴趣的时候，主播切记不要强硬拉用户，这样不仅不会引来用户关注，还会引起用户的反感，甚至引发掉粉。

第三，切忌扭扭捏捏，放不开。连麦是一个互动的过程，要么不连，连上了就大大方方地展示自己，这也是作为一名主播的专业素养。

第四，切忌不尊重对手。例如，音乐声音开很大，不给对方主播说话的机会。连麦其实是一个互利的过程，给对手机会也是给自己多一条选择的道路。

其实，对于有一定粉丝基础但是又比不上"大主播"的"小主播"，连麦也是其最佳选择之一。连麦可以增加直播间的曝光度，只要有机会，都可以连麦。就算直播预热文案的效果不佳，连到一个"大主播"也能快速增加直播间的人气。图6-25所示为拼多多平台上主播与主播之间的连麦。

图6-25　拼多多平台的直播连麦功能

第7章
宣传文案：
让直播做到场场爆款

写好宣传文案需要一定的文字水平。而要想更高效率、更高质量地完成文案宣传任务，除了掌握写作技巧之外，还需要学会让文案更贴合产品，更符合直播用户的口味。

7.1 产品宣传文案：给产品足够的仪式感

直播产品的文案效果直接关系到产品的销量，所以运营者在做直播产品宣传文案时，要注意加深用户对产品的印象，赋予产品不同的意义。只有足够尊重产品，才能收获期望的效益。

7.1.1 好文案突出品牌形象

笔者发现用户都愿意主动搜索那些优秀的品牌或口碑好的品牌旗下的产品，

因此，品牌形象也可以作为运营者的流量入口。建立自己的品牌形象有利于增加用户数量和增强用户黏性，直播运营者如何建立品牌形象呢？下面以图解的形式分析介绍，如图7-1所示。

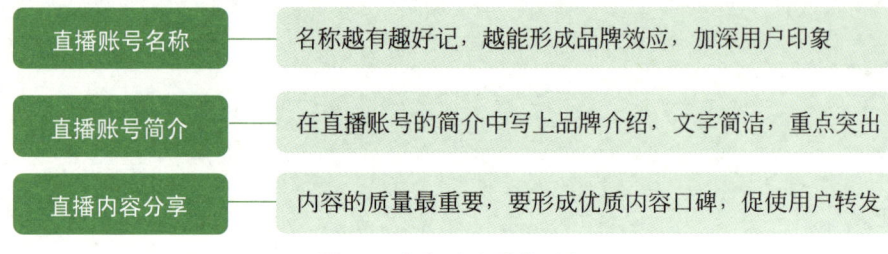

图 7-1　如何建立品牌形象

其实，建立品牌形象最重要的还是内容质量，用户看到了优质的内容，才会接受内容的传播，主动去分享，形成"病毒"式传播。标题写得再好，没有好的产品质量做支撑，也不利于品牌的长久发展。所以，运营者不要一味地注重分享和推广，产品质量方面也要下功夫。

知名服装设计师所设计的服装，每一次设计的产品面世，都能吸引大家的目光。对于大众来说，知名设计师所设计的服装，在一定程度上就代表着流行、经典、出色。除此之外，也代表着设计师的一种人生态度和人生经历。

用户出于对设计师个人的崇拜、追随以及信任，往往会去购买，甚至争相购买，出现抢购现象。所以，主播在展示产品时，如果这款服饰是设计师款，或者说设计师同款，就可以着重突出这一特色。还有一些原创设计品牌的直播，产品的卖点就是其原创性。

图7-2所示为某珠宝品牌直播间及其文案。该品牌主打概念是"用一生爱一人"，男士要凭身份证才能购买钻戒，并且"一生仅能定制一枚"。这样的品牌文案一上市就深受用户喜爱。对男士来说，钻戒有很多种，但是一生一枚这个概念最能表明自己的心意，至于女士，谁又不想要收到这样的礼物呢？

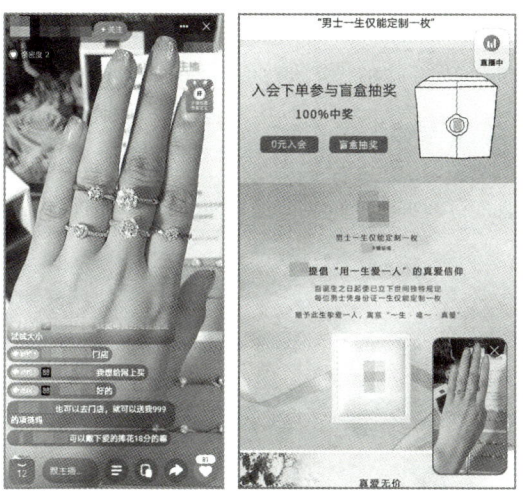

图 7-2 某珠宝品牌直播间及其文案

7.1.2 好文案呈现产品卖点

决定消费者购买的因素，除了信任还有产品的价值。商品具有使用价值和属性价值，具体如图 7-3 所示。

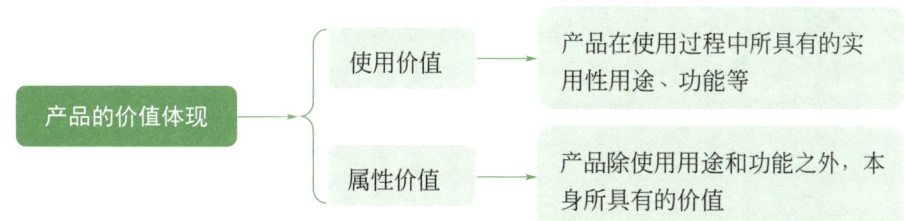

图 7-3 产品的价值体现

在策划产品的宣传文案时，创作重点主要以产品为中心，对产品的相关内容进行全面展示。而很多新品推出之时，都是以产品的卖点为主，以卖点来塑造价值，以吸引消费者的注意力。

产品的价值塑造可分为两个阶段，一为基础价值，即产品的选材、外形、功能、配件、构造、工艺；二为塑造价值，在直播中我们主要进行的是产品价值的塑造，即产品的独特性和优势性。产品价值的塑造是建立在产品基础价值之上的，明确产品的价值卖点是直播的关键。

产品的独特性可以从产品的设计、造型出发，产品的设计可以是产品的取材。图 7-4 所示为某款护肤精华露的直播及其文案。文案中不仅有"携国际知名设计师"字样,还突出卖点是"打造晶透美肌",这样用户可以清楚地知道该产品的具体功效,这就是塑造产品的独特性。

图7-4 塑造产品独特性的文案

专家提醒

产品独特性的塑造可以让产品区别于其他同类产品,凸显出该产品的与众不同,当然在直播文案的编写中,产品独特性的塑造必须要紧抓消费者的购买需求。例如,案例中所示的精华露,功效是改善女性肌肤表皮,就紧紧围绕了女性想要改善肌肤的需求去编写的。

产品的优势性也可以是产品的先进技术优势,主要体现在研发创新上。例如,手机或其他电子产品的直播,可以借助产品的技术创新进行卖点呈现,比如拍照像素、续航能力、显示分辨率等,甚至可以是刷新用户认知的产品特点,给用户制造惊喜,并超出期望值。

除此之外,还可以从实用产品的造型优势上出发。例如,做小型手提包直播文案时,可以强调包包轻巧便捷,大小正好适合放置手机以及钱包、口红,并具有外形独特、百搭、适合拍照等特点;较大型包包强调容量大,可放置化妆品、雨伞，并且适合短期旅行，这些都是从不同产品的特点出发，用宣传文案来突出不同优势，从而满足用户选择的多样性。

7.1.3 价格优惠提高购买欲

价格是用户普遍关注的一大问题，也是用户决定购买的关键因素之一。在文案创作中，怎样才能让用户感觉到价格上的优惠，从而下定决心购买呢？

有对比才能体现出价格上的差异，价格的对比文案又分为产品前后价格的对比和同类型产品价格的对比两种，如图7-5所示。

```
价格对比文案类型 ─┬─ 产品前期和后期的不同价格比较，显示出此次产品的实惠
                └─ 同类型产品的价格比较，突出产品的价格优势
```

图7-5　价格对比的两大文案类型

产品价格前期和后期的差异，可以体现出此次产品的优惠力度。运营者在创作过程中，可以从活动的角度出发，如天猫双十一活动、国庆特价优惠活动等，先写明活动前的价格，再突出活动后的价格。

图7-6所示为某品牌鞋店发布的直播间价格优惠方案。该直播间是通过加入会员领取优惠券活动来突出价格优惠的，从商品详情页的宣传文案"首页入会领满199减30"及"到手价209=活动价239-领券30"就可以看出来。

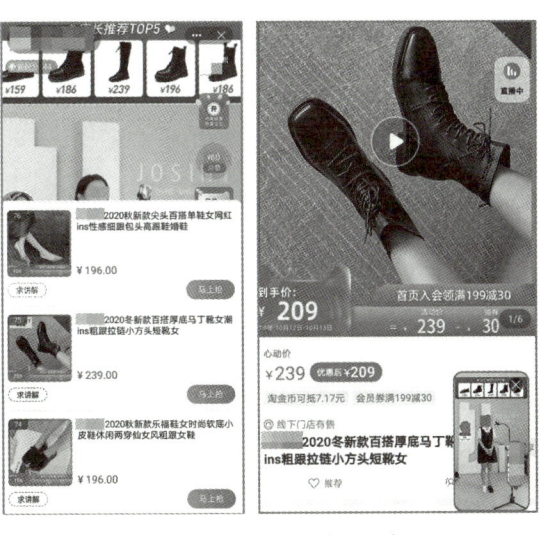

图7-6　价格前后对比文案

除此之外，同类型产品的价格对比也很重要。运营者单一地说自己的价格还不足以让人信服，运营者可以将同行之间同款产品相互比较，文案突出自身产品功能及价格上的优势，这就是我们所说的"性价比强"产品，这样的直播文案更能刺激用户的购买欲。

7.1.4 产品上新采用3步法

笔者建议采用三步法撰写产品上新文案：第一步，要体现出产品是什么，尽量用多种方式不同角度来解说；第二步，体现出产品的风格，例如可爱、甜美等；第三步，可以说明产品的用法，如图7-7所示。

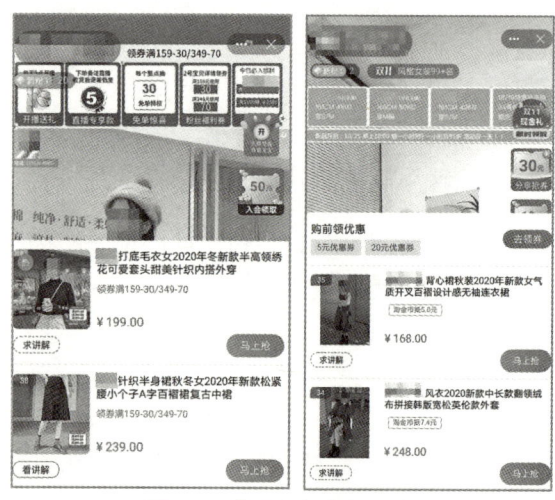

图7-7　产品上新直播文案

另外，运营者在做直播时，可以选择将同类型的产品放在一起讲解，这样有助于用户横向对比，也降低了主播的讲解难度。如以上案例所示，就是将同类型秋冬新款服装放在一起先后讲解，还突出了服装的搭配性。

7.2 产品介绍文案：给予产品足够的尊重

直播产品卖得好不好，还取决于运营者能否将产品介绍清楚，能否形成自己的介绍风格。产品文案特色鲜明，能让用户记住的文案就是好文案。下面笔者为大家介绍直播产品介绍文案的三大要点。

7.2.1 寻找痛点解决问题

在主播专业能力培养的道路上，最重要的一点就是抓住用户的痛点和需求。主播在直播的过程中要学会寻找用户最关心的问题和感兴趣的点，从而更有针对性地写出直播产品介绍文案。

主播在创作文案时，要抓住用户的主要痛点，以这些痛点为标题来吸引用户的关注，弥补用户在现实生活中的各种心理落差，让他们在观看直播的过程中得到心理安慰和满足。

在直播过程中，用户的需求是购买产品的重要因素。需求分为两大类，一类是直接需求，比如用户在购买时表达的想法，需要什么样的产品类型，这就是直接需求。

另一类则是间接需求，这类需求分为两种，一种是潜在需求，主播在带货过程中可以引导用户的潜在需求，激发用户的购买欲望，潜在需求可能是用户没有明确表明的，或者是语言上不能清晰表明的；另一种是外力引起的需求，由于环境等其他外力因素促使用户进行消费的行为。

在直播产品文案的编写过程中，不能只停留于用户的直接需求，应该挖掘用户的间接需求。如何了解用户的间接需求，可以从以下几点出发。

（1）客观思考分析用户的表达

当用户在直播间提问时，不能只关注字面意思，主播需要客观分析用户的语言，去思考用户真正需要的产品，可能用户本身也不清楚自己需要什么产品，主播在直播时可以做出引导。

（2）选择与用户性格相符合的文案

每个产品都有针对的用户群体，产品的营销宣传文案与用户相匹配，就能引起用户的共鸣，满足用户的需求。

（3）选择与用户审美相符合的文案

在编写直播产品文案时，可以抓住用户的审美，设计精致的文案内容，满足用户的审美需求，吸引用户购买。例如，高端品牌的直播，符合高消费人群的喜好，这类用户在购物时可能更注重产品的设计感、时尚感，对价格并不敏感。因此，主播可以在把握这类群体的心理特征的基础上，多采用华丽的辞藻，重点分析和讲述产品的外观和品质。

7.2.2 怎样突出产品卖点

运营者在编写介绍文案时，怎样突出产品的卖点呢？展示卖点不仅要突出产品的质量，还要让用户有购买的欲望，这需要体现产品的利益性，并通过视频直观地展现产品优势。

产品的利益性是指产品与用户之间的利益关系，突出产品利益性的文案需站在用户的角度进行分析。例如，介绍产品为用户的日常生活提供了更加舒适的环境，或者替用户解决了某些问题，总的来说就是产品能够带给用户好处。

图7-8所示为淘宝某家电直播，该文案就是强调产品给用户生活带来的便捷之处。

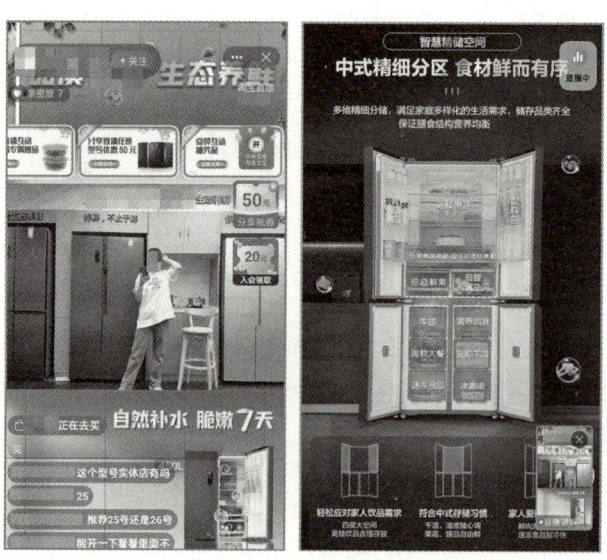

图7-8 淘宝某家电直播文案

无论是哪方面的文案创作都是基于产品本身的价值，突出产品能为用户带来更好、更舒适的生活体验，这就是产品文案的基础。以上文案塑造价值的方法都是基于产品本身的特点。除此之外，运营者还可以通过赋予产品价值来实现，赋予价值的方法可以从两个方面进行，如图7-9所示。

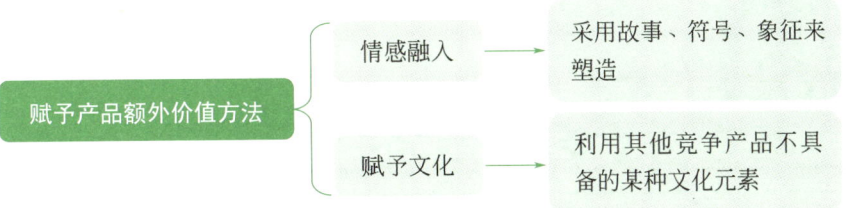

图7-9 赋予产品额外价值的方法

在展现产品能给用户带来的变化时,直播有它独特的优点,即可将文字与视频结合起来,用户在脑海中构筑的画面与眼前看到的实际画面结合,通过实际操作把产品带来的改变呈现出来,让用户看到产品的特点,感受产品的真实效果。

7.2.3 寻找差异展示亮点

每款产品都有各自的特色,所使用的场景和功能也不一样,这就需要运营者将不同的产品进行类比,找出自家产品的亮点,打造出最符合产品的文案。

图7-10所示为某苹果销售直播间文案。将自家苹果在"形""色""味""质"四个方面的特色与其他商家苹果进行对比,突出自家苹果的质量好,从而突出自家苹果的高"性价比"。

图7-10 展示亮点的直播产品文案

7.3 主播宣传文案：营销自己拓展影响力

随着网络直播的进一步发展，主播也越来越专业化。主播的能力大小直接决定了直播的流量多少，甚至是产品销量的高低。那么主播应如何营销自己，打造自己的宣传文案，被更多的用户喜欢呢？本节将重点介绍主播的宣传文案。

7.3.1 将情感融于写作

加入情感特质容易引起人们的情感共鸣，能够唤起人们心中相同的情感经历，并得到广泛认可。主播如果能利用这种特殊的情感，将会得到更多用户的追捧和认同。

图7-11所示为某水果直播间文案。该文案就是"打感情牌"，那些在老家辛苦种植水果的父辈们，因为卖不出去水果，无法维持生计，为了改善他们的生活，那些拥有相同境遇或被触动的用户就会伸出援助之手，这样直播间的带货效果会更好。

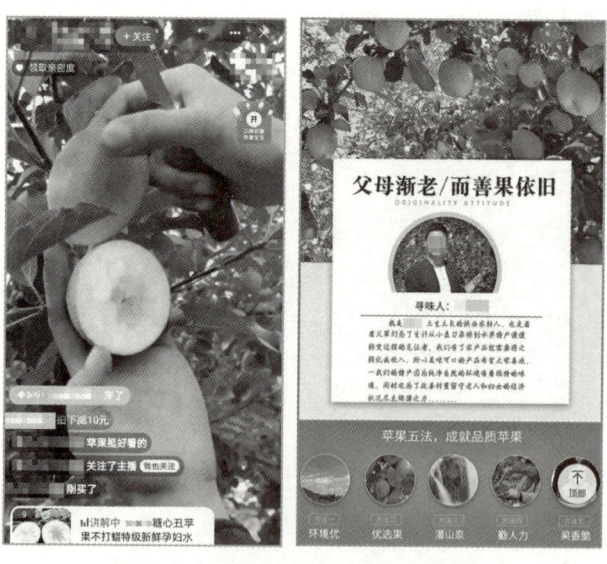

图7-11 将情感融入产品的宣传文案

> **专家提醒**
>
> 有的直播在标题中就会加入情感,最常见的是电台直播标题。在进行直播时,也可利用感情带动用户的情绪,主播可以介绍自己的经历,最好是正能量、积极向上的,这样的表达在选秀直播节目中最为常见。这种情感融入不光让用户产生情感共鸣,还会增进彼此之间的联系以及信任程度。

7.3.2 文字能产生共情

现今,由于物质生活的丰富,人们更多地追求精神方面的发展,即人与人之间的陪伴与温暖。主播在直播中发表自己的见解,表达自己的心声,用户若能从中受益,或是能从主播的文字中产生共鸣,将会达到很好的共情效果。

直播作为一种新的互动方式,能够让用户找到价值体现。这种新兴的交流方式,让双方的情感都得到了宣泄,有助于社会的和谐发展,有利于积极向上的"正能量"的宣传。

那么,主播在直播的过程中该如何选择合适的文案内容,让用户产生共鸣呢?笔者根据自身的经验总结了以下这些方法。

- 从用户的兴趣爱好中寻找话题;
- 根据自身才艺特长来展开话题;
- 从当下的时事热点来引入话题;
- 在平时的生活动态中切入话题;
- 根据用户的提问求助展开话题。

主播可以将这5个角度作为切入点,结合产品来打造文案。图7-12所示为知名的电影解说主播根据当下热门电影来开展的直播,这样做不仅能解决用户的需求和问题,还能表达主播对电影的观点,引起用户讨论。

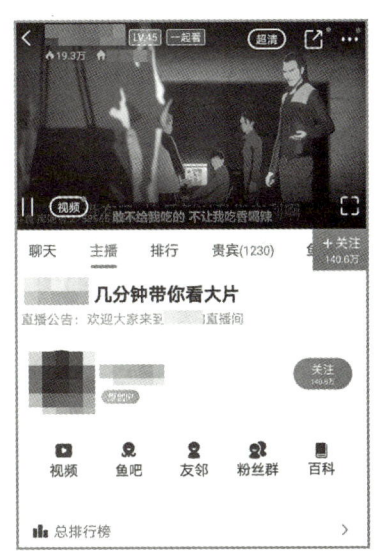

图7-12 利用热门电影表达心声案例

7.3.3 多运用倾听逻辑

在主播与用户的互动过程中，表面上看起来好像是主播在主导话题，但实际上要以用户的需求为主。主播想要了解用户的需求和痛点，就一定要认真地倾听他们的诉求跟反馈，从用户的角度去打造文案。

主播在和用户沟通交流时，姿态要谦和，态度要友好。聊天不是辩论比赛，尽管每个人的观点主张都不一样，但没必要分出对错输赢。所以，主播要明白，人与人之间的交往最重要的是彼此尊重、互相理解。

主播在与用户交流沟通时，应该做到以下3个方面，如图7-13所示。

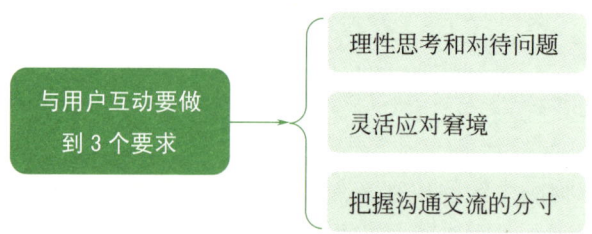

图7-13　直播互动的3个要求

面对用户表达个人建议时，主播需要站在用户的角度进行换位思考，这样更容易了解用户的感受。主播可以通过学习以及察言观色来提升自己的应对能力。此外，察言观色的前提是需要心思细腻，主播可以细致地观察直播互动时用户的态度，并思考总结，用心去感受用户的想法，从而达到宣传的目的。学会倾听，为他人着想可以体现在以下几个方面，如图7-14所示。

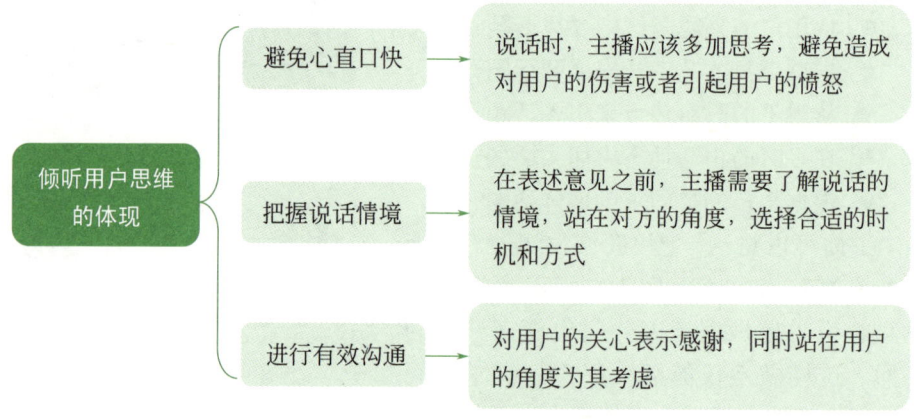

图7-14　倾听用户思维的体现

在主播的直播互动过程中，有时候会遇到这样的用户，他们敏感、脆弱，容易发脾气，容不得别人说他的不是，否则就会觉得自己的尊严受到了侵犯，这是典型的"玻璃心"。对于这一类人，笔者根据自身的经验和经历给主播的建议是尽量不要去触碰他们的敏感神经，不予理睬就好。因为自卑的人的典型特征就是完全以自我为中心，听不进其他意见，也不会顾及他人感受。如果他们无理取闹，扰乱直播间的正常秩序，必要时可以进行踢除。

为他人着想是一种尊重别人的表现，主播只有站在用户的角度去思考问题，才能真正地了解用户的需求和痛点，也才能更好地为用户服务。

除了要把握说话的时机之外，学会倾听也是主播在和用户沟通交流中必须要养成的习惯，懂得倾听别人说话是尊重他人的表现，这样做能使主播快速获得用户的好感，同时在倾听的过程中也了解了用户的需求，可谓一举两得。

7.3.4　直击人心的金句

主播在与用户互动的过程中一定要十分注意自己的一言一行，作为一个公众人物，主播的言行举止会对用户产生巨大的影响，尤其是那种顶级流量的网红主播，要避免一些可能会对用户造成心理伤害的玩笑。

主播在与用户沟通交流时要考虑以下3个问题，如图7-15所示。

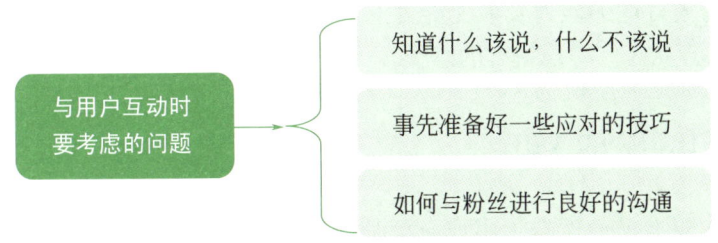

图7-15　直播互动要考虑的问题

在开播前，主播可以提前写好与用户互动的文案，提前打造"金句"，然后在直播时抛出爆点。如何才能写出"金句"呢？下面为大家介绍一个技巧——反复使用关键词。

反复是指一句话里面的关键词重复出现两次及以上。例如，"今年过节不收礼，收礼只收脑白金"，这个当年爆红网络的句子里面就重复出现了两次"收礼"，不仅让句式工整，读起来还朗朗上口。

主播在打造"金句"文案时，就可以充分利用这点。图7-16所示为汽车品牌直播间。该品牌文案为"懂你说的，懂你没说的"，介绍产品详情时的文案也是对仗工整，为"以澎湃动力领衔潮流，以互联科技对话潮流"，反复提及"潮流"二字，传颂得多了，自然就成了潮流。

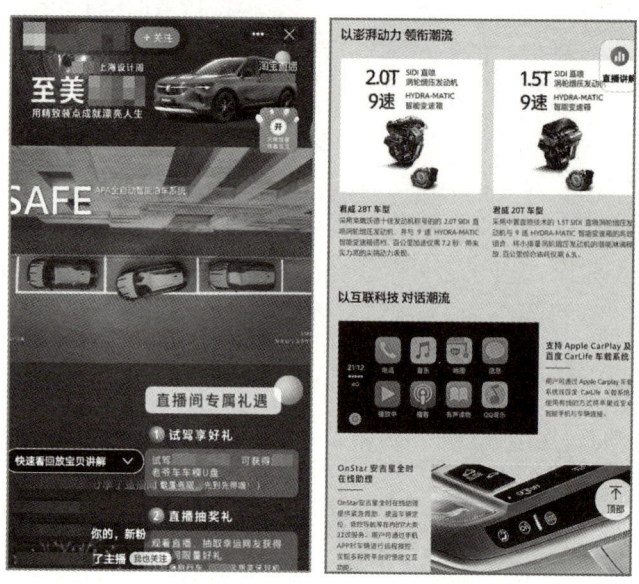

图 7-16　反复型金句文案

另外，抛出"金句"的时机也很重要。注意什么时间抛出什么文案是反映主播良好的语言沟通能力及应变能力的重要表现，所以主播在说话之前必须把握用户的心理状态，考虑对方的感受。

7.3.5　强化用户的认知

强化认知不仅是指强化用户对产品的认知，还要强化用户对主播的认知。这就要求主播首先要对自己有一个清晰的认知，做到扬长补短。认识自己是一个长期的过程，主播在此认识过程中需要注意以下几点，如图 7-17 所示。

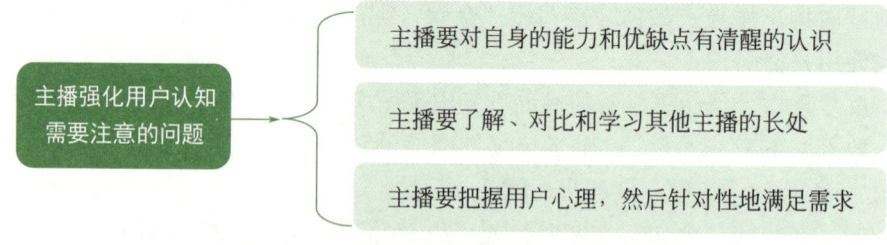

图 7-17　主播强化用户认知需要注意的问题

主播对自己的认知明确之后，就可以开始此类产品文案的写作了。周期性的产品推广有助于用户记忆，在时间允许的条件下，运营者从产品关键字出发，反复调整产品元素，有周期地反复推广。

7.4 品牌宣传文案：充满愉悦感提升口碑

对于主播来说，打造自己的品牌是非常重要的。每款产品与用户的接触机会可能只有一次，接触得好即可成为品牌粉丝，接触不好用户可能再也不会购买该品牌产品，这就是直播品牌宣传的导向作用。在品牌竞争激烈的情况下，用户越来越倾向于口碑较好的品牌。

那么，如何写出让用户愉悦的品牌宣传文案便成为许多主播关心的一大问题，本节将一一介绍具体的方法。

7.4.1 深耕垂直领域

如果仔细观察那些热门主播，不难发现，他们的直播内容具有高度垂直的特点，像李某某专注于电商直播带货领域，冯某某因游戏直播而走红。什么是垂直呢？垂直就是专注于一个领域来深耕内容，领域越细分，直播内容的垂直度就越高。

其实所有的网络主播都需要注重品牌文案的垂直度，文案的垂直度会影响账号权重，也影响平台对发布内容的推荐率，更重要的是还影响用户对主播专业程度的判断。内容的垂直度越高，用户群体的精准度就越高，也越优质。

那么对于主播来说，该如何来打造高度垂直的品牌文案呢？笔者建议主播拥有一门自己最擅长的技能，然后根据技能深入打造品牌文案。俗话说得好，三百六十行，行行出状元。只有深挖自身的优势，了解自己的兴趣特长所在，才能打造属于自己的直播特色文案。

主播找到自己最擅长的技能和领域之后，就要往这个方向不断地去深耕内容，垂直化运营。例如：有的人玩游戏的水平很高，于是他专门做游戏直播，久而久之他就是这个游戏领域的"代言人"；有的人热爱时尚美妆，于是她直播

分享化妆技术和教程，她就可以接某些化妆品牌的推广。图7-18所示为淘宝平台某主播分享自己化妆的过程。

只要精通一门专业技能，然后依靠自身的专业技能来垂直输出直播内容，那么吸粉和变现自然就轻而易举。当然，主播在直播之前还需要做足功课，准备充分，才能在直播的时候从容不迫，最终取得良好的直播效果。

7.4.2 表现形式丰富

直播文案的创作是每个主播所必须具备的能力，提升主播的文案创作能力也是做好直播最重要的因素之一。毕竟，在这个流量巨大的互联网时代，内容为王，只有能为用户提供优质内容的主播，才能

图7-18 某主播深入分享化妆的过程

抢占更多的流量份额，获得更多的流量变现收益，将自己的直播事业发展壮大。

专家提醒

主播要想提升品牌文案创作的能力，就必须在平日里多积累直播素材，努力学习各种品牌专业知识和技能，不断充实自己，开阔自己的视野，这样主播在直播文案创作时才会有源源不断的灵感，才能持续地输出优质的直播内容。

主播不能原地踏步、故步自封，要不断地推陈出新，生产有创意的文案，不断丰富文案内容，让用户看到你的能力和努力，这样你的直播事业才会做得更长久。

品牌直播文案有多种表现形式，下面笔者为大家具体介绍活动文案、个性文案和主题文案这3大类。

（1）活动文案，提高转化

活动文案的打造通常带有一定的目的，这个目的可以分为很多种，具体如

图7-19所示。

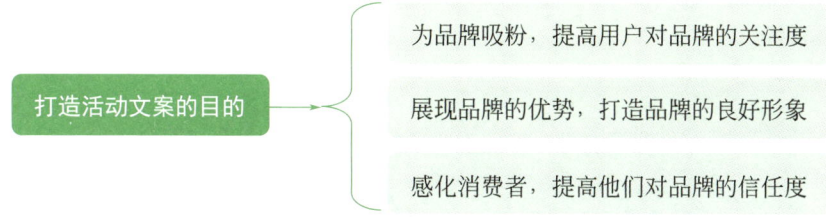

图7-19　打造活动文案的目的

对于品牌直播运营者而言，节假日是少有的能够吸引大量消费者的时期，在这一时间段开展相关活动往往能够起到事半功倍的效果，所以文案的作用也就更为突出。要想让节日文案有效地吸引消费者购买产品，就需要把握消费者的心理，知道他们的需求是什么，然后再结合节日的特色之处和优惠信息来进行文案的撰写。

节日文案相对于其他的文案而言，可以增添一些喜庆的特色，营造浓厚的节日气氛，如中秋节可以围绕"家庭、团圆、美好"等主题进行文案设计，春节就可以撰写比较热闹、温情的文案。总之，不同的节日文案会有不同的主题和风格，但总体而言离不开节日氛围的打造。图7-20所示为品牌节日文案的作用。

图7-20　节日文案的作用

（2）个性文案，独特风格

在创作文案的过程中，直播运营者应结合不同行业的特点以及平台的用户群体特性选择适合的风格，打造文案的亮点，进而创作出具有独特风格的个性文案，给用户带来良好的阅读体验。

图7-21所示为某品牌服装直播间及文案。这款服饰主要是针对小个子年轻女生而设计的,所以在文案写作时,运用较为轻快的文字风格类型,更贴近年轻人的喜好。

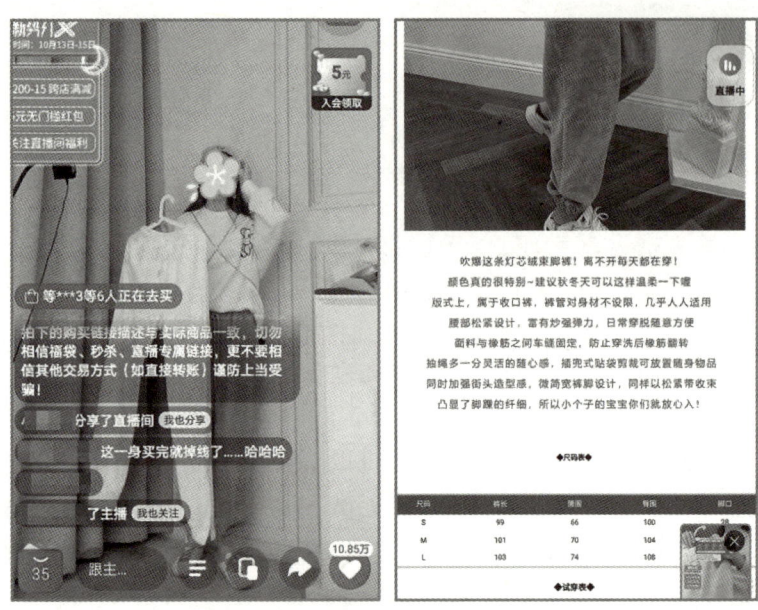

图7-21　某品牌服装直播间及其文案

(3) 主题文案,突出重点

运营者在进行文案策划时,一定要明确主题,且要在表达上突出主题,让消费者直接知道你想要传达的信息。因此,一份好的主题文案需要符合以下几点要求,如图7-22所示。

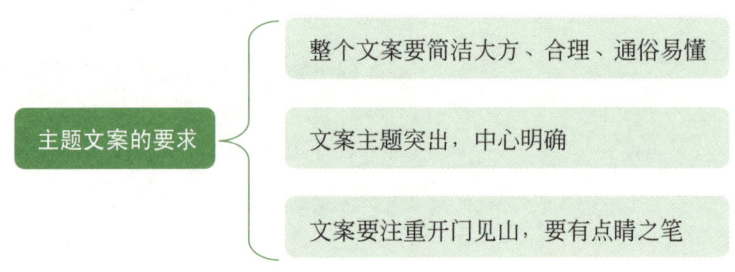

图7-22　主题文案的要求

图7-23所示为某民族风品牌服饰直播间。该文案主题为"慢生活——心存美好",符合民族服装简单舒适的特点,且能突出中国女人的魅力。

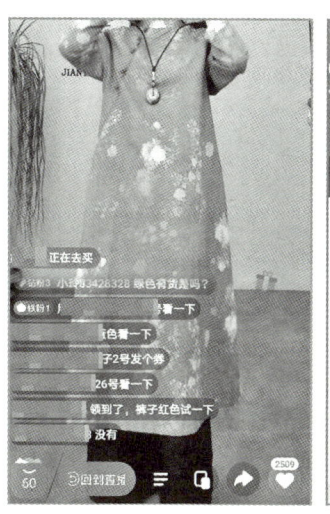

图7-23 突出主题的直播文案

7.4.3 避免讲废话

文案相对其他营销方式来说成本较低,而且成功的文案也有一定的持久性,一般文案成功发布后就会始终存在。

事实上,品牌文案营销并不是靠数量就能取胜的,更重要的还是质量。一个高质量的文案胜过十几个讲"废话"的文案。图7-24所示为简洁的直播宣传文案示例,字数均控制在10字以内,突出直播的核心内容即可。

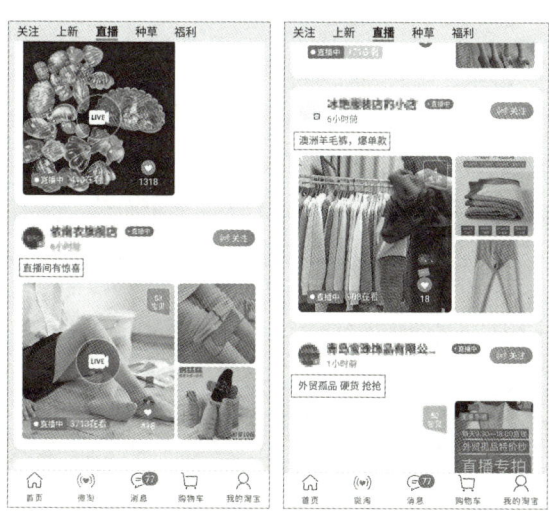

图7-24 简洁的直播宣传文案示例

许多运营者为了保证推送的频率，甚至发布一些质量相对较差的直播文案，或是直接抄袭别人的文案，这种方式是不可取的。

除此之外，还有部分运营者仅仅将品牌文案的推送作为一个自己要完成的任务，只是想着要按时完成，而不注重这个直播推广是否可以吸引到目标用户，甚至有的运营者会将完全相同的文案内容，进行多次发布。这类文案往往由于质量没有保障，累计观看人数、平均观看时长等数据也比较低，亦不可取。

第8章

"种草"文案：
有效提升直播电商转化率

> 直播形成"种草"是直播带货的重要目标之一，利用直播来引导用户进行消费是直播的价值所在，那么如何在直播中形成"种草"效果呢？可以从两点出发，第一是利用直播内容让用户在观看直播时产生"种草"效应；第二是利用"品牌效应"，放大卖点实现效益最大化，提升电商转化率。

8.1 直播"种草"营销：5个步骤轻松编写

作为曾经网络上风靡一时的流行语，大家是否都懂得"种草"的含义？笔者认为"种草"就是把自己认为具有某种优秀品质的产品推荐给他人。在这个信息发达的时代，把产品推荐给亲人朋友是很容易成功的。但是，如何把这种个人行为转化为商业行为？如何向全民成功"种草"？接下来向大家介绍直播营销的5个步骤。

8.1.1 给产品取昵称

要想让人记住一款产品，要么是品质出众，让人觉得使用效果非常好，要么是这款产品名称朗朗上口，已成为一种大众流行语。例如，被称为"国货之光"的大宝SOD密护肤品，一提起来，无人不知无人不晓。不仅仅是因为它的护肤效果非常好，还是因为它的名字读起来很有记忆点。

更值得一提的是，至今"大宝"的销售量依然非常可观。虽然护肤品的更新换代之快令人咋舌，但是人们依然记得"大宝SOD蜜"这个名字，有了清晰的记忆就会促使消费者进行消费。这就是产品拥有一个好昵称的效果，在很多年以后还能引起用户回忆。

用户也可以根据产品特定的使用场景或者效果，给产品取一个抽象化的昵称。例如，某彩妆品牌因为产品的外包装主打蓝色，再加上瓶身上宽下窄的设计，所以给产品取名为"蓝胖子"。这种将产品昵称意象化的方法也是直播"种草"成功很关键的一步。

8.1.2 找到核心卖点

由于各行业的迅速发展，产品款式、风格的更新速度也越来越快。有些款式，在上个月是流行趋势，引发众人购买，非常畅销，但是到了这个月，这个款式很可能就已经落伍，没有人愿意去购买了。

对于快消产品来说，需要时刻保持产品款式的新颖、流行。要了解市场产品风向，主播才可以满足用户的需求。同时，主播也能避免出现好不容易得到一批优质的货源，准备好在直播间向用户介绍推荐时，它却已经不再流行，无法吸引粉丝来购买了，只能低价出售或者留在库存里，成为压箱货的情况。

对于主播来说，仅仅跟上市场的流行趋向是远远不够的，要引起用户的注意还得找出1到2个"种草"的核心卖点。主播可以通过用户回访、用户画像或在直播时直接询问用户等方式收集用户体验信息，找出产品最关键的卖点，然后再将其不断放大，这样可以有效地提升用户购买率。

图8-1所示为某服装搭配直播。该主播重点展示了这套白色休闲西装，突出西装颜色是既不是米白也不是灰白，而是纯白色，搭配裤子没有色差，这样想要购买白色西装的用户就可以根据链接直接下单了。我们在评论区可以看到，用户发掘了一个新的卖点"这款配连衣裙很好看"，那么运营者就可以把信息收集起来，供下次直播使用。

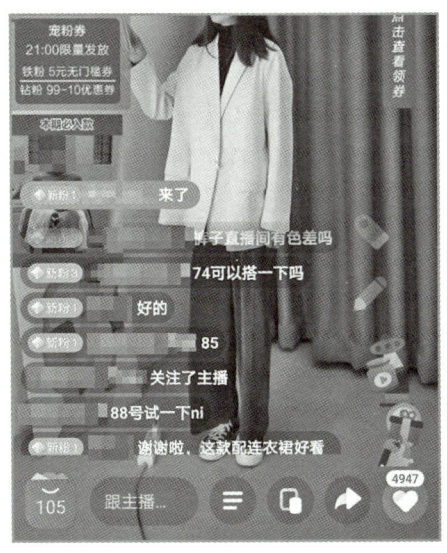

图8-1　收集用户信息找到核心卖点

另外，运营者在寻找核心卖点时，要注意市场容量的分析。市场容量是指在特定类型的市场中，某种特定商品的总市场需求量，其大小决定了用户的购买力强弱。

主播在推销一款产品前，需要了解这款产品的市场需求空间以及需求量，根据市场容量来进行产品选择，才可能有不错的销售额。

> **专家提醒**
>
>
>
> 如果市面上同类型的服饰设计、风格已经饱和，到处都有在卖这款服饰的商家，此时主播再跟着购入这款商品就有两个弊端：第一，竞争太大，无法达到理想的销售额；第二，这款商品已经不能再刺激消费者购买了，商品难以再卖出去。

8.1.3　内容简单直接

内容简单明了适用于直播间的全部流程。虽然每件产品都带有它独特的优势性，但是千里马也需要伯乐。现在用户要面对的市场上的诱惑太多，并不是所有的产品都会发光的。如果主播不能让用户直接简单地了解产品的用途或者优点，那被这市场上琳琅满目的商品所掩埋是迟早的事。

图8-2所示为某多肉店铺直播。可以看出，直播间没有多余的内容，就是对多肉整体或者细节的拍摄。这样简单直接的拍摄能让用户更多地了解该店铺多肉的品质。事实也证明，这种方式能有效地提高用户购买率，从直播间的用户评论"老是抢不到"就可以看出。

图8-2　内容简单明了直播案例

8.1.4　产品测评体验

不管是相信产品还是相信主播，绝大部分促使用户购买的行为都是基于信任。因为信任，才会想要拥有。任何陌生的、不了解的产品都会让人产生一种疏离感。基于这种情感上的交流，主播要想卖出好的业绩，就要在产品测评和个人体验上下大功夫。

比如，在实体服装店，顾客虽然可以试穿，但费时费力，虽然服装店里会有人形模特来展示衣服的立体效果，但始终不能大规模地进行这种操作，而在网上旗舰店购买商家的产品，大多也只能看到模特对服装进行上身效果的展示图，如图8-3所示。

图8-3 服装模特进行效果展示的宣传图

但是，对于现实中有购买需求的顾客来说，他们的身材体型无法像模特一样标准，自然不能靠模特的上身效果来进行选择。

专家提醒

服装的上身效果一直是顾客最关注的，不管服装的宣传语、质量等多么好，如果不清楚是否真的适合自己，很可能就会放弃购买，可如果要顾客自己一件件地去试穿，又太浪费时间和精力。

主播可以通过服装的上身效果来挖掘产品的卖点，如果服装的上身效果是一种较宽松的风格，就可以针对身材不太完美的顾客，向他们介绍这款衣服可以隐藏赘肉，修饰不完美的身材，让他们产生下单的欲望。

8.1.5 "种草"品效合一

如何提高粉丝的黏度一直是机构和主播非常关心的一点。在直播平台上，有无数的直播间可供消费者点击、观看，直播间的粉丝拥有着绝对的选择权和去留权。

这时,不仅需要主播利用个人魅力吸引、留住粉丝,也需要通过商品的品质来打动、留住粉丝的心,当条件具备时,还要打造自己的直播品牌。对于那些有消费需求、消费能力的粉丝来说,还是商品的质量款式和价格最牵动他们的注意力。那么如何吸引粉丝,打造品质效益一体化?大家可以从下面两点来了解。

(1) 商品要和主播相配

运营者在进行产品直播销售时,在主播的选择上,最好能够选择和服装风格相匹配的主播。图8-4所示为服装类不同风格的产品,由不同形象风格的主播来展示。

图8-4 服装风格和主播形象相符合的直播间

只有这样,主播在向用户介绍和推荐产品时,用户的视觉感受才会比较统一、和谐,才能让用户产生信服感,主播的行为举止也会更有说服力,从而保证用户的留存比例,也能保持用户的纯度。

(2) 主播自主选品技巧

主播最好可以学会自主选品。因为,只有商品选得合适恰当,才能保证它的一个销售情况和转化率。至于主播如何掌握选品技巧,可以根据下文所提供的两个要点来了解。

① 根据选品原则进行选品工作。选品实际上是为平台匹配的兴趣用户选

品。在找到精准的受众后，需要根据受众进行选品。

这要求主播在推销一款产品前，要对产品有基本的了解，判断市场的需求，了解这款产品的需求空间以及需求量，根据市场的需求来进行产品风格的选择。

② 分析商品特色，培养选品思路。如何树立起选品思路是掌握选品技巧的关键点，只有树立起好的选品思路，才能让自己在选品的过程中，更加便捷、快速地进行商品的选择，同时还能保证选择的商品有一定的消费市场。下面介绍3点选品思路。

第一，在普通商品中找突出、有特色的商品。例如，对于冬天穿的保暖内衣来说，这是非常普通的产品，没有什么特别之处，也找不出什么特别的花样。但是现在，它可以以新的模样出现在大众的选择中。

发热保暖内衣就是其中一种改变，它虽然轻薄，但是自带发热功能可以保暖，它的特色就是使穿着者可以行动自如，又自带发热功能，兼具保暖性。图8-5所示为普通保暖内衣和发热保暖内衣。

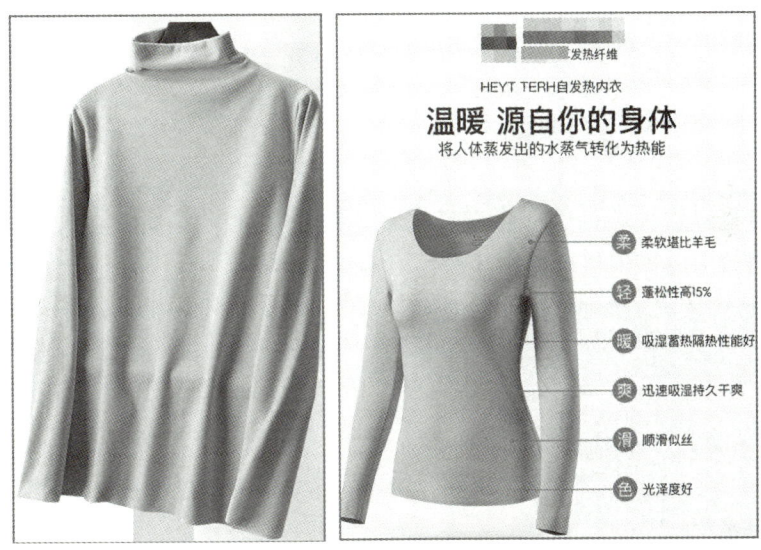

图8-5 普通保暖内衣和发热保暖内衣

第二，寻找有固定用途的商品。有固定用途的商品，说明商品有固定的使用场景，用户可能更注重商品的实用性。图8-5中的发热保暖内衣就是仅限于冬天使用的。

第三，了解商品本身的利润情况。对于商家和主播来说，销售产品必然涉及产品的利润，他们都希望获得更大的经济效益。

因此，在选品方面，如果不根据产品的利润情况选品，很容易导致的情况就是，主播付出了极大的精力去卖货，结果利润微薄，甚至需要倒贴。那么，这款商品即使再适合自己的粉丝群体，也需要慎重考虑。

8.2 挖掘产品卖点：最大化地呈现价值

主播在直播间进行产品销售时，要想让自己销售的商品有不错的成交率，就需要满足目标用户的需求点，实现产品价值最大化。

但是，如果在满足目标受众需求的同类产品对比中体现不出优势，那卖点也不能称之为卖点了。想要使商品可以最大化地呈现出它的价值，主播就需要学会从不同的角度来挖掘商品的卖点。

8.2.1 挖掘产品宣传语

主播可以根据产品的风格设计出一些新颖的宣传词，吸引用户的注意力。合适、恰当的宣传语可以激发用户的好奇心，使用户不自觉地向往宣传语中营造的产品效果，从而下单购买。某家电品牌的电风扇宣传语为"居家必备，空气循环，更清凉"，当销售电暖时宣传语为"即开即暖，可摇头"或是"即开速热，倾倒断电"，如图8-6所示。

图8-6 通过宣传语来挖掘卖点

8.2.2 突出产品的质量

大部分人购买产品时，都会考虑产品的质量。对于大多数人来说，质量的好坏决定了他是否下单以及是否愿意再次购买。

随着社会的不断发展，人们的经济收入增多、消费能力增强、消费需求发生变化，对产品的要求开始追求质感，于是对于产品的质量也有了更高要求。

例如服装，顾客除了关注服装的实用性、耐用性外，也开始考虑服装能不能让自己穿得自在、舒适。为此，很多服装品牌、商家在展现产品的卖点或体现产品的特色时，会更加注重其质量方面的展现。图8-7中的商家特别标明了服装的质量优势，以此形成卖点。

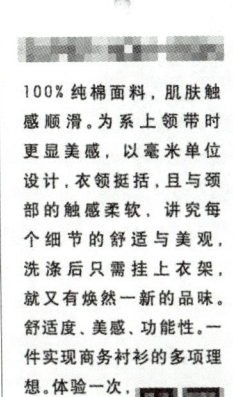

图8-7　服装质量卖点

所以，主播在挖掘产品卖点时，应尽可能多地向用户展示产品的质量情况。例如，这款衬衫可以体现穿着者的优雅气质，而且衬衫不易起皱，不用费时打理；这款裙子质地轻薄，非常轻盈，特意搭配内衬，不易走光。

8.2.3　打造产品的风格

由于用户自身所处的环境、场景以及心理等方面的差异，产品需求也是不一样的。产品的每一种功能都会呈现出不同的效果，所以主播可以根据产品不同的类型风格来突出产品的卖点。

图8-8所示为不同风格的手机壳。左边带有小清新风格的灯塔适合文艺小青年；右边颜色鲜艳的组合图则适合性格积极活泼的直播用户。

其实大部分用户喜欢的风格类型不止一种，大多有两种或两种以上的产品风格需求。面对这种情况，主播就可以从不同的角度着手，展现各自的风格特色来寻找卖点。

图 8-8 不同风格类型的手机壳

8.2.4 跟随流行的趋势

流行趋势代表有一群人在追随这种趋势。主播在挖掘产品卖点时就可以结合当前流行趋势来找到产品的卖点,这也一直是各商家惯用的营销手法。以淘宝为例,一般搜索界面都会出现"排行榜"或者"全网热榜"等字样,这就是大部分用户都在关注的热点,如图 8-9 所示。

图 8-10 所示为利用排行榜热点推出的一系列产品。

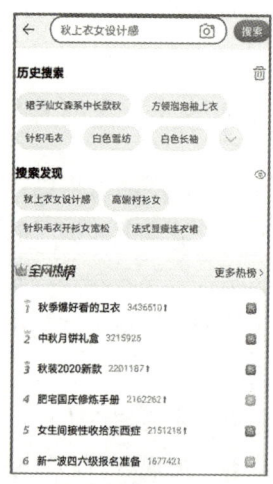

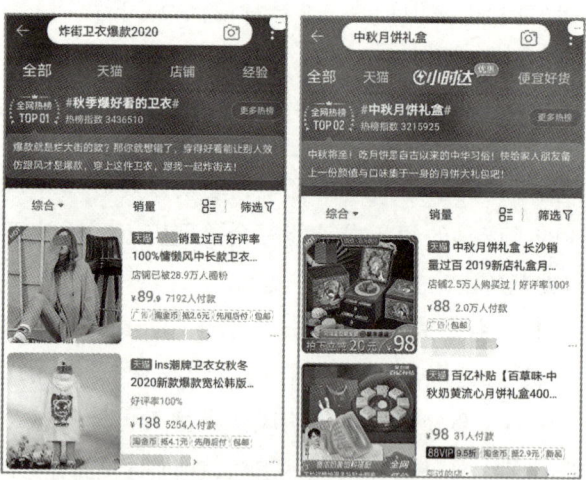

图 8-9 淘宝平台的"全网热榜"　　图 8-10 淘宝平台利用排行榜热点推出的产品

8.2.5 打造出名人效应

名人效应指的是名人所产生的吸引群体注意力、强化事物形象、扩大影响范围的现象。大众对于明星的一举一动都非常关注,他们希望可以靠近明星的生活,得到心理上的满足。这时,明星同款就成为服装行业非常好的一个宣传卖点。图8-11所示为销售明星同款服装的直播。

名人效应早已对生活的各方面产生了一定的影响。例如,选用明星代言产品可以刺激大众消费,明星参与公益活动项目可以带领更多的人去了解、参与公益。主播只要利用名人的效益来打造直播间,就可以吸引用户的注意力,让他们产生购买的欲望。

8.2.6 打造企业的品牌

对于流行的产品款式,每一个品牌店、流水工厂店都会生产类似的产品,甚至两种产品各方面都差不多。面对这种情况,主播想要让自己的产品更有竞争力,就可以在加工制作工艺和品牌上打造差异化的卖点。

图8-12所示为可定制专属字样的易拉罐礼物直播间。这样做既有企业品牌的效应,又能做出个人的风格特色。让用户在喝可乐的同时,还能感受到送礼之人的心意,带来不一样的用户体验。

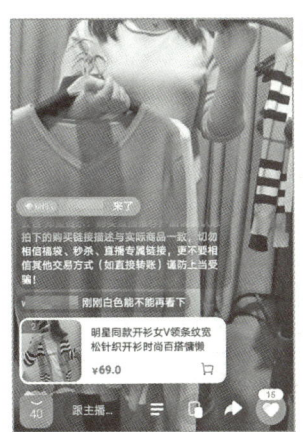

图8-11 销售明星同款服装的直播　　图8-12 可定制专属字样的易拉罐礼物直播间

8.2.7 关注消费的人群

不同的消费人群对于服装的关注、需求点不同,主播在面对这种情况时,就需要有针对性地突出产品的卖点，从而满足不同消费群体的需求。

例如，对于成人服装款式来说，裙装需要在卖点上突出服装的美观性、多功能性；而对于儿童款服装，裙装的设计和风格就要突出可爱，在卖点宣传上会偏向于服装的实用性、舒适性。图8-13所示为成人款和儿童款服装的对比效果。

成人款服装

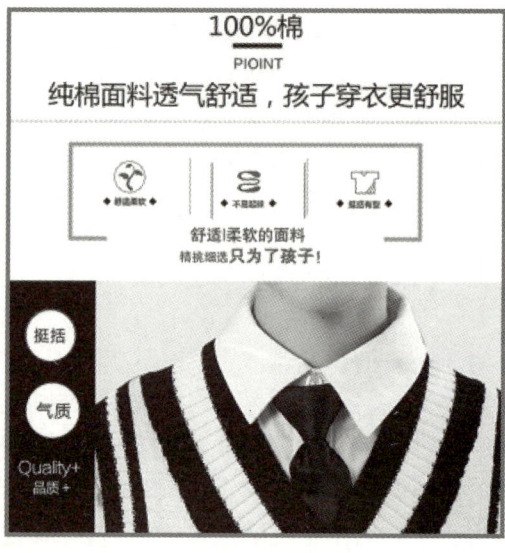
儿童款服装

图8-13　针对不同的年龄层突出服装卖点

8.3 文案激发活力：创造价值刺激购买

购买欲不是主播创造的，其实在用户进入直播间之前，他的心中就已经有购买欲了。而主播要做的就是激发用户的购买欲。传统的文案已经不适用于日新月异的直播间，例如舒适的品质、精美的装饰等，这些文案都只是对产品的粗糙加工，千篇一律没有活力。要想"种草"成功还得为产品注入新的活力。那么什么才是新鲜有活力的文案？下面将从5个方面进行介绍。

8.3.1 文案要有画面感

当每天面对同一款产品,即使它有很多闪光点,我们也有可能视若无睹。制作文案也是同样的道理,你是否对你所要推销的产品习以为常,是否还在按部就班地进行产品文案解说?接下来将介绍一种新的方法刺激你的大脑。

感官占领是指用眼睛看,用耳朵听,用鼻子闻,用嘴巴尝,甚至用肌肤去感受,让你的脑海里形成一幅具体的画面。

例如对保温杯的描写,首先我们来看看摘抄的传统文案,"色彩系列,专为日常出行匹配,无负担,轻简出行;握感舒适,防滑耐磨,保温保冷"。

写到这里,笔者不禁想,这种文字真的能吸引用户购买吗?以一款粉红色的保温杯为例,接下来看看这个产品的感官占领文案是怎么写的,具体内容如下。

"每个少女都有一个粉色情怀般的梦,这款保温杯就是梦幻般的马卡龙粉,细腻磨砂般的质感。杯盖里面是厚厚的实心乳白色橡胶,用力摇晃到手酸,都不会有一滴水漏出来。内里采用耐热不易生锈的304不锈钢,闪闪发亮,仔细看一看还能瞧见反射出来的衣服的颜色。拧开杯盖一喝,温热的水从你的喉咙滑过,一股玫瑰花茶的清香袭来,甜甜的味道顿时刺激你的味蕾,上了一天班的疲惫感竟然消失了,你会不自禁地呼出一口气'呼……',感觉又活过来了。"

这就是典型的感官占领描写。"梦幻般的马卡龙粉""乳白色"是视觉,"细腻磨砂般的质感"体现了触觉,"用力摇晃"你会听到声音,"玫瑰花茶的清香"是嗅觉,"甜甜的"是味觉。通过对感官的具体描写,你会发现脑海里仿佛你正使用着这款保温杯喝了一口甜甜的玫瑰花茶。

直播时采用这种感官占领法,能最大限度地引起用户共鸣。和传统文案不同的是,这种感官上的刺激,能让用户感觉身临其境。

8.3.2 利用恐惧诉求法

一款除螨喷雾的详情页写到:"螨虫是多种肌肤问题、呼吸道问题的源头,螨虫寄生在你的床铺、衣物、肌肤上,快速繁殖增长""螨虫困扰频发,而我们却不知"。这就是典型的恐惧诉求法,通过对具体对象的"恐怖"描写,让用户知道,如果不购买这款产品,会造成多么严重的后果。恐惧诉求法主要可以从两个方面着手。

① 对痛苦场景展开具体清晰的描写。"具体"的意思指的是要尽可能细致地把后果代入场景中。例如,上文提到的除螨喷雾可以写得更具体些,如"螨

虫会引起宝宝皮肤起疹子发红，或者宝宝莫名啼哭，不见好转，导致睡眠质量大幅度下降、抵抗力差等"，这种具体的场景能够引起直播用户的同理心。图8-14所示为某品牌的美容仪产品直播。在直播间时，主播就讲到女人三十以后容易长皱纹，皮肤衰老，出席活动都得化很重的妆来掩盖皱纹，所以就有用户提出"抗衰怎么样"这一问题。

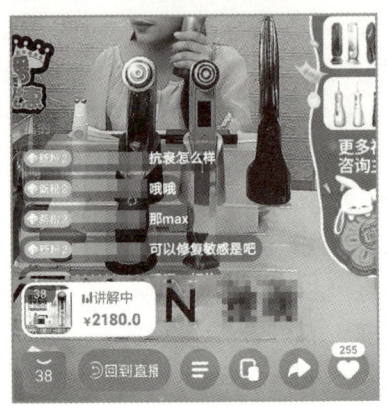

图8-14　某品牌的美容仪产品直播

② 表明后果的难以承受性。直播"种草"是一个非常快速的过程，用户决定购买一款产品甚至只有几秒钟的时间，那么如何抓住这几秒钟的黄金时期呢？可以提示用户不购买这款产品的后果是用户不想承担的。

8.3.3　利用社会认同感

心理学实验证明，大部分人都有从众心理。我们可以利用这点来做直播营销。有时候经不起大众考验的产品不一定是坏产品。不知各位读者有没有观察过大学城附近的小吃街，每隔一段时间就有店铺倒闭，只有那些被学生认同的，能被称之为美食的店铺，才能长久地存活下去。社会认同是一种非常强大力量，同样我们也能运用到直播营销中。

图8-15　暗示产品畅销的案例

例如，当销售一款牛肉干时，主播可以说："这位用户已经下单两斤，还有10位用户在排队等候，只此一家，走过路过千万不要错过。"这样是为了暗示其他用户这款牛肉干很畅销，不仅会激起用户的好奇心，还能赢得用户的信任，如图8-15所示。图中已有用户在直播间晒出自己的订单，用户的这种行为，可以有效地刺激其他用户进行消费。

从众心理还能降低用户的心理受损程度。如果这款产品大家都买了，那么用户会想，我也买一点，就算有损失，还有那么多人一起损失。许多淘宝直播就是利用用户的这种心理，有些店铺会在直播封面上列出"同类型产品连续一个月销量第一""点赞数每场超过一百万""多年老店"等，如图8-16所示。

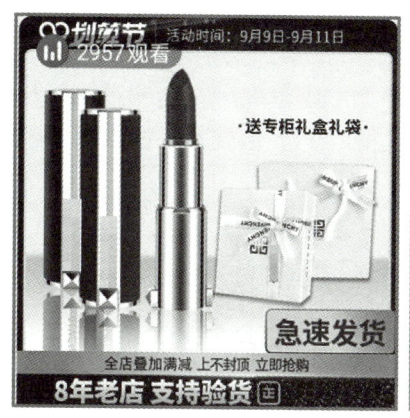
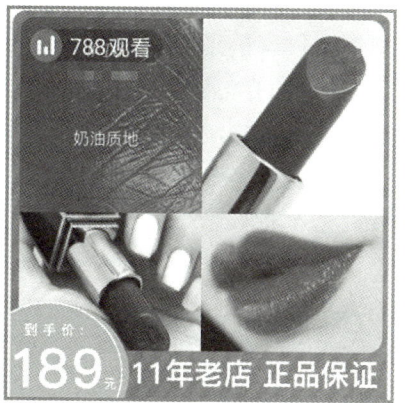

图8-16 以"多年老店"赢取用户信任

这样的文案能最大限度地激起用户的购买欲，用户会想"销量第一""8年老店"的产品质量肯定好，点赞数多的直播间肯定很好玩，否则也不会有那么多人进入直播间进行消费了。

专家提醒

类似这样的文案还有很多，如果是大型企业或者品牌直播，运营者可以强调销量、好评率、知名排行榜排名等。如果是中小型企业，那可以强调产品的质量、特色卖点等。只有激起用户的社会认同感，赢得用户的信任，才能促进销量增长。毕竟只有一个人说好不是真的好，大家都说好才可能是真的好。

另外，向大家介绍另外一种认同感，即价格认同。一般直播的产品链接封面会放上这样的优惠信息："这款产品原价××，优惠价××，赶紧购买吧！"但是部分用户心里仍在怀疑，是不是厂家把原价抬高了才有的优惠价。那么怎样才能让用户对这个价格产生认同感呢？

笔者建议，运营者可以主动出击，主动解释价格的合理性。心理学上有一种现象，人们往往会对第一次接触的事情有更主观的印象。例如，如果你没买过电脑，你点进直播间，主播拿出几款电脑进行介绍，告诉你价格4000元左右。

当你犹豫不决时，他再拿出一款性能也不错，但是特价只要2500元左右的电脑，你是不是会觉得好便宜啊。

这个例子体现的就是价格认同。然而真相就是主播使用了价格认同策略，先展示价格昂贵的产品，让用户先入为主，形成思维定式。试想如果开始主播介绍2000元左右的电脑，用户还会不会觉得2500元很便宜？图8-17所示为正在推销电脑的直播间。

图8-17　电脑推销直播间

8.3.4　合理化购买需求

让用户觉得购买合理的方法有很多，笔者为大家总结了以下4点，如图8-18所示。

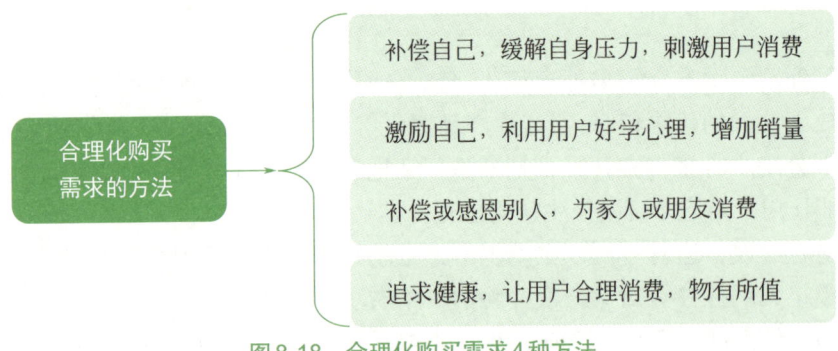

图8-18　合理化购买需求4种方法

（1）补偿自己

当用户感觉自己很累，需要奖励或者犒劳自己时，就会产生购买的欲望。主播可以从这点出发，刺激用户，提升购买率。

例如，推销按摩仪时，主播可以说："工作是累，但是也要劳逸结合，忙碌了一天的宝宝，可以体验下我们的这款产品，可以缓解颈部压力，放松你的身心。"这样久坐在电脑前的程序员或者加班族可能就会心动了。

还有某补品品牌直播间，有用户直接指出"女人就是要对自己好点"。那些平时要兼顾家庭和工作的女性就可以通过购买补品来补偿自己，如图8-19所示。

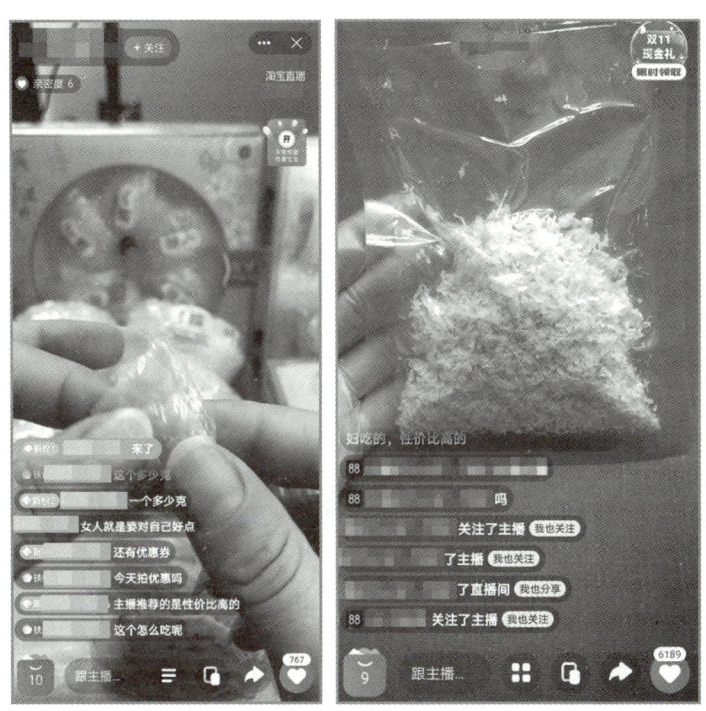

图8-19　某补品品牌直播间

（2）激励自己

有一种类型的直播是学习类直播间。用户可以免费进入直播间，学习经济类课程或者学习软件操作。但直播的时间总归是有限的，用户能够学到的内容也有限，主播这时候就可以告诉用户，如果想要继续学习，那就花1元或者10元进群，将有专业的课程老师手把手教你。这类型直播间就是利用用户的好学心理，对用户来说，只要花少量的钱就能学到知识。而主播要做的就是不断地激励用户，让他们相信自己可以做到，如图8-20所示。

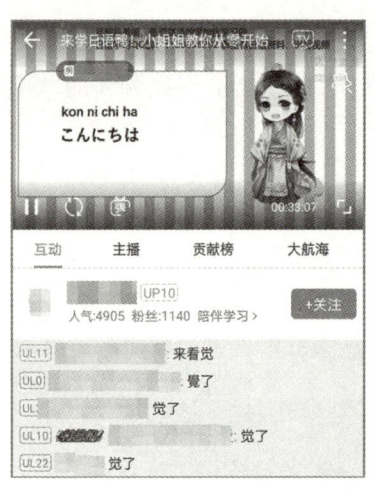

图8-20 激励用户学习案例

(3)补偿或感恩别人

补偿别人这一行为通常用于向他人赔礼道歉或者当自己付出的没有别人多时,希望可以通过一些小礼物来获得他人的好感。这种心理状态也可以用来进行直播推广。

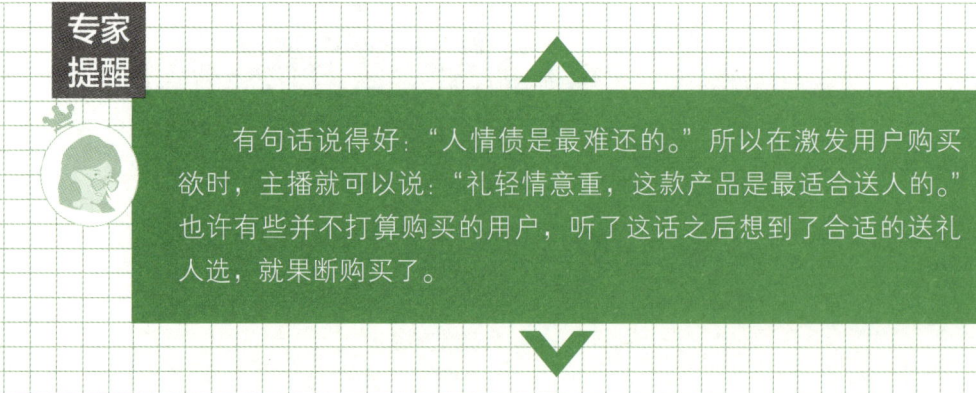

专家提醒

有句话说得好:"人情债是最难还的。"所以在激发用户购买欲时,主播就可以说:"礼轻情意重,这款产品是最适合送人的。"也许有些并不打算购买的用户,听了这话之后想到了合适的送礼人选,就果断购买了。

另外,还有一类用户舍不得把钱花在自己身上,难以下手,但是家人或者朋友需要时他们又毫不吝啬。直播时主播就可以抓住用户的这种心理,表明这不是为自己带货,这是为亲人朋友带货。

比如,"送礼就送脑白金""坚果大礼包,适合一亿人的选择"。图8-21所示为某玉器店的直播。直播间里就有用户表明是"送人用的"。事实证明,感恩也可以促进消费增长。

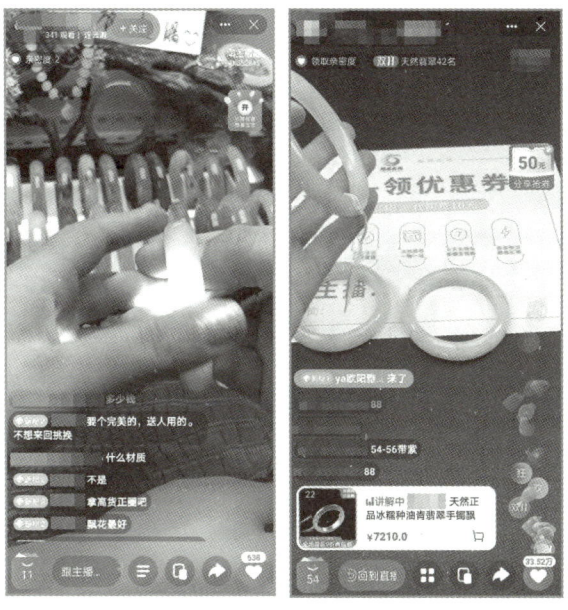

图 8-21 某玉器店直播

（4）追求健康

健康一直是人们持续关注的话题，曾经火爆全网的鲜花饼就是追求健康的典型案例。该鲜花饼宣传文案为"纯手工制作，采用新鲜鸡蛋液，没有添加任何防腐剂，蛋香浓郁，芝麻脆香。"于是吸引了一大批健康主义者进行消费，如图 8-22 所示。因此，主播在直播时，尤其是进行食品类推广时，可以从食品的健康程度切入，让用户买得放心，吃得舒心。

图 8-22 鲜花饼直播

8.3.5 满足用户的需求

21世纪，人们不但追求物质上的满足，还要追求精神上的满足。比如，身份、地位、名誉、成就等。尊重需求，不仅指个人精神方面的需求，还有来自他人的尊重。从这一方面，我们也可以进行产品推广。

例如，化妆是想要别人夸你精致，穿裙子是为了悦己也为了取悦别人。俗话说，人靠衣装。当你拥有了这款产品之后，你会变得更美、更有气质、更漂亮。

一篇好的文案可以让你的直播锦上添花，一款好的产品可以成就自己。直播时运营者可以根据用户想要达到的目的来推广产品，这就是尊重用户的需求。

想象这样一个场景：你开始掉头发，你很在意也很苦恼。有一天你去逛超市，听到有人在问哪里有防脱发的产品卖？你会不会竖起耳朵听？会不会猛然抬头？每个人都有自己烦恼的问题，可能是头发发白，可能是皮肤粗糙，也可能是肥胖缺乏运动。直接指出用户的烦恼，就能吸引用户的注意。接着马上给出解决方案，用户就会想要关注。

例如，当你吃了太辣的食物，给你一杯水，你就会想喝；当你太冷，给你一件衣服，你就会想穿。图8-23所示为专卖宝宝雨鞋的直播间。该直播间就针对下雨天不得不带宝宝出门的用户，若是没有这双雨靴，那么宝宝鞋子可能打湿弄脏，洗了很久可能还洗不掉。这就是针对用户需求策划的直播间，可以有效地解决用户烦恼，购买率自然也就提高了。

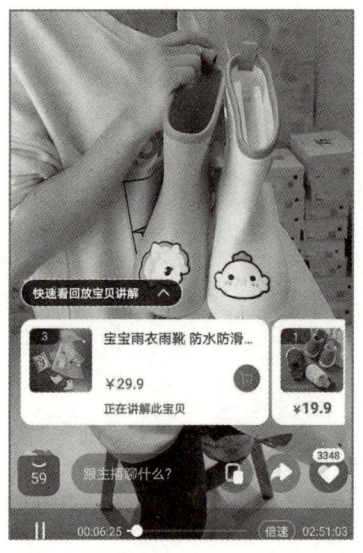

图8-23　解决用户烦恼的直播案例

第 9 章

带货文案：
想卖爆货的主播就别错过

> 主播在直播过程中需要和粉丝进行互动沟通，以吸引粉丝目光，获取粉丝流量，从而使商品销售出去，提高自己的带货率。本章将向读者介绍如何掌握带货技巧、开播前应做哪些准备，以及怎样快速获得流量、提高产品销量，以帮助主播拥有属于自己的带货王牌技能。

9.1 脚本策划：开播前的准备工作

在现在的直播销售行业，不仅需要向用户介绍商品，还需要联络商家和用户两者，尤其是现在主播的直播时间已经往两位数的时长上增长。

而这一系列的工作衔接、商品介绍和销售都需要主播在镜头前向用户展示。为了丰富整个直播内容，同时让主播的工作流程顺利自然地进行，机构和主播就需要做直播脚本的策划。

策划直播脚本可以让主播和工作人员提前进行一个直播演习，让每个人都明白自己的岗位和需要处理的事情，以保障直播时各流程可以顺利地进行下去。

主播只有让自己的直播有清晰、明确的流程步骤，这样思路才不会乱，也可以更好地引导用户下单，提高自己的带货率。图9-1所示为某服装品牌新品直播的脚本。

新品单品实例（以服装为例）			
时间	基础活动	活动说明	产品安排
周一	9:00～11:00	满200减20	全场指定××	9:00～9:10讲解A款 9:10～9:20讲解B款
周二	9:00～11:00	买一送一	周二拍卖	爆款竞争
周三	9:00～11:00	满300减50	……	……
……			

图9-1　某服装品牌新品直播脚本

直播脚本可以让整场直播有序地进行。开播前，主播整理好自己的直播脚本，并且提前熟悉产品脚本是非常必要的。

除此之外，直播脚本还可以帮助主播在面对突如其来的粉丝提问，一时手忙脚乱不知道怎么进行下一步时，快速找回自己的重心；拿到一件新的产品，不知道怎么介绍，找不出卖点时，可以不慌不忙地进行卖点传达；当遇到黑粉无端在直播间挑刺、攻击自己时，可以联络场控及时清理等，这些都可以通过直播脚本来解决。

如果没有直播脚本，那么在直播过程中，一旦出现上述问题，若主播没有及时处理，直播间就会给观众一种粗糙的感觉。要知道，在直播过程中，如果没有合理的危机应对方式，很容易让主播手忙脚乱。一旦打断了直播流程和思路，很容易降低主播的带货率。

直播脚本可以让主播和工作人员提前准备好直播过程中需要开展和处理的一系列事项，可以帮助主播有目的、有重点地去进行商品的推广工作，所以提前做好脚本策划是非常重要的。

9.1.1　脚本相关知识

主播要想策划一份完善的直播脚本，以使自己的直播销售可以顺利进行，首先就要了解直播脚本涉及哪些方面或者说有什么具体要求。下文向读者介绍有关直播脚本的信息，帮助读者更好地了解直播脚本。

直播脚本分为直播主题（话题）和直播目的两个方向。当然，直播主题和目的都是希望能够让主播顺利地进行直播工作。主播可以进一步了解直播主题和直播目的所涉及的内容，帮助自己更好地理解直播脚本内容。图9-2所示为直播主题和直播目的所涉及的内容。

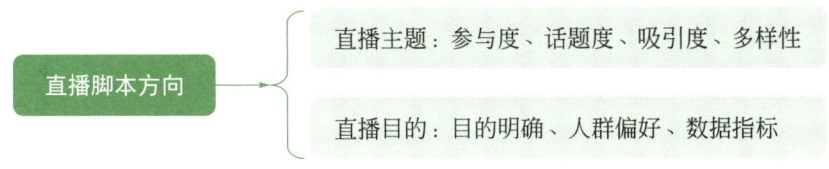

图9-2　直播脚本方向

首先，直播主题要尽量选择用户参与度高的，此外主题最好可以拥有一定的话题度，让主播在日常直播的过程中能够穿插进去，并能与用户进行讨论和互动。吸引度指的是主题必须要能吸引用户的注意力。多样性则需要主播在分享话题时，能够采取不同的表达方式。图9-3所示为某直播间设置的主题活动。

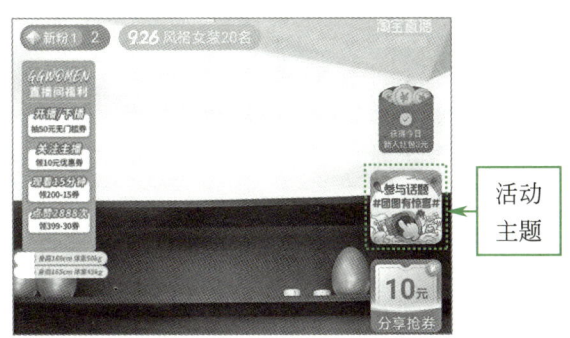

图9-3　某直播间的主题活动

其次，目的明确就是让主播和工作人员在开播前清楚这场直播的目的是什么，例如可以是新客特惠福利或周年庆清仓等。图9-4所示为某直播间标注的周年庆狂欢秒杀活动。

图9-4　某直播间周年庆秒杀活动

人群偏好则是要主播了解自己的受众群体，这样就可以在设置直播间活动时，选择他们最关注、在乎的内容。

就比如说，主播的粉丝人群是二十岁上下的年轻女性，那么主播在做粉丝福利时，就应该选择这一年龄层更加能接受的口红、香水等，这样才能引起粉丝们的关注。

数据指标指的是主播可以制定直播的累计观看人数、人均观看时长、互动率等数据目标，并在直播后分析这些数据，确定这场直播是否达到了期望目标。

9.1.2 脚本活动策划

当机构和主播确定好直播脚本的方向后，为了使整场直播更好地进行，需要制定清晰而明确的活动方案。这样更便于工作人员对活动方案有一个明确的认知，并判断它的可操作性。在这个部分，所有参与直播的工作人员需要清楚地了解活动策划的类型、要点以及产品的卖点、直播间的节奏，以便后续更好地开展直播销售工作。

（1）活动策划要点

脚本策划人员在制作脚本时，可以根据实际情况，考虑一次制作完一周的直播间脚本。这种节奏便于主播、工作人员进行时间安排，同时也能使一周的直播任务上下衔接清楚。

除此之外，在做直播脚本时，可以把活动的节点细分到主播在直播间的每个时间段，如图9-5所示。这样可以避免出现主播在直播间对产品的展示介绍速度过快或过慢，导致整个直播节奏被打乱，以及忽略和粉丝的沟通互动等情况。

时间点	直播模块	模块说明	福利发放	互动说明
20:00~20:10	与粉丝日常交流	寒暄&日常答疑	关注红包3个	欢迎+点爱心+邀请关注
20:10~20:40	新品介绍	全方位展示商品	/	鼓励粉丝转发直播
20:40~21:00	限时特价活动	活动介绍买二送一	店铺优惠券/抽奖送礼	福利领取指导

图9-5 脚本里具体时间段的策划

（2）活动类型

常用的活动类型有以下两种。

① 通用、基础活动。这种活动力度中等，主播可以单日或长期重复，活动形式比如新人关注得专项礼物、抢红包雨、开播福利、下播福利等。图9-6所示为直播间设置的新人关注专项礼物。

直播中不同的时间段有什么通用活动，都需要在脚本中明确，这样主播才可以从容地对用户进行引导，提高用户停留的时间，从而提高直播间的流量。

② 专享活动。这种活动力度较大，可以设置成定期活动，比如主播固定进行每周1元秒杀、周二拍卖等，或其他类型的主题活动。图9-7所示为直播间的专享活动。

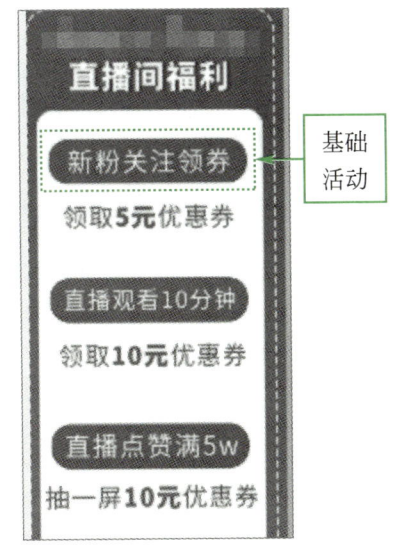

图9-6 新人关注专项礼物

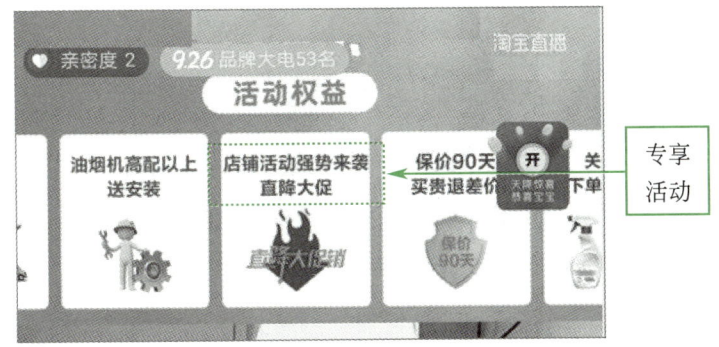

图9-7 专享活动

这种大力度的周期活动不要求每天都进行，但活动力度一定要大，这样才可以有效提高用户的参与度，活动的数量则可以根据当日直播间的在线人数来确定。同时，这种大力度活动可以加深用户对直播间的印象。

（3）产品卖点和节奏

直播间的商品可以分为爆款、新品、常规、清仓这几种类型。主播需要对不同类型的商品进行要点提炼，同时，要在直播脚本上安排固定的时间段进行商品推荐和讲解。图9-8所示为清仓商品直播。

图9-8　清仓商品直播

图9-9所示为新品上架直播。由于商品流行的款式、风格一直在不断变化，这就需要主播不断的补充相关商品知识，才可以更好地和粉丝互动，让粉丝也了解新产品。

图9-9　新品上架直播

如果主播在开播前没有熟悉直播间流程和商品信息，那么就容易让主播在直播间处于一种尴尬冷场的境地，也就扰乱了直播过程中商品推荐、销售的节奏。

9.1.3　直播节奏控制

在直播行业，一般都会有专业的工作人员把控直播时的节奏，他们就是"场控"，从字面意思上理解就是起"控制场面"作用的人员，对于现在的直播行业来说，他们的作用已经不容忽视。

一般来说，直播间的场控大部分是机构的直播运营和助理。现今，直播场控角色已经趋向于专业化。

直播场控的重要性在不断提升，部分主播在早期的直播销售过程中，由于业务不太熟练，直播间的销量，有一半可能都是场控创造的。

专家提醒

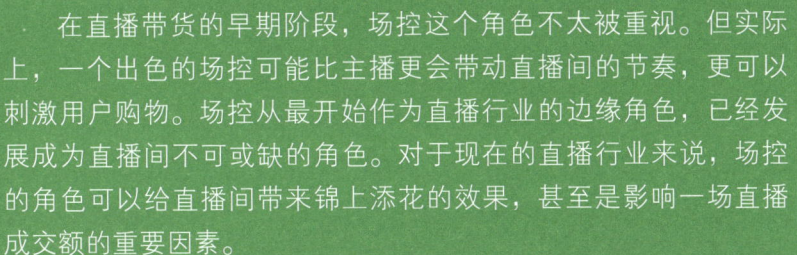

在直播带货的早期阶段，场控这个角色不太被重视。但实际上，一个出色的场控可能比主播更会带动直播间的节奏，更可以刺激用户购物。场控从最开始作为直播行业的边缘角色，已经发展成为直播间不可或缺的角色。对于现在的直播行业来说，场控的角色可以给直播间带来锦上添花的效果，甚至是影响一场直播成交额的重要因素。

下面就具体介绍直播场控的作用、要求和类型。

（1）直播场控的作用

直播场控主要起着以下几种作用。

① 气氛担当。一般来说，气氛够活跃的直播间，用户停留时间相对也会较长，直播间交易数量也就会自然跟着增长。当主播的性格不太擅长烘托直播间气氛时，就可以选一位场控，在直播过程中协助主播对直播间的气氛进行调控。

② 短板补充。随着直播行业主播从业人员的大幅度增多，有部分主播属于半路出家，并不具备扎实的直播专业知识或者电商基础，例如撰写脚本、了解品牌的诉求等。这样的主播在直播间就很容易出现难以回复用户提出的商品相关问题的情况，这时就需要场控进行补充，甚至可以配合主播来"演戏"。

专家提醒

对于商品价格，场控可以唱红脸，说价格不能再降，主播可以唱白脸，说一定要再降下一些，实在不能降，那包邮总要有的。这样，对于想购买商品的用户来说，主播所说价位的信服度更高了。

③ 成交量的保证。虽然说现在的直播销售行业里，主播是核心的角色。但是，主播有时单凭自己一个人的力量很难在长时间的直播过程中维持住全程的节奏，就很容易出现销售额不稳定的现象。

此外，即使有脚本，也会出现一些突发的意外情况，主播也不能保证自己的状态一直在线。这时，一个优秀的场控就很有必要，他可以随时通过对商品库存的补充、价格的把控、福利的发放来保障直播的顺利进行。

（2）直播场控的要求

要想成为一名合格的场控，一般来说，需要满足以下要求。

① 没有形象包袱：场控应该明确自己是一个配合的角色，不能太过张扬，盖了主播的风头，明白各司其职的道理，同时必要的时候，要全力配合主播进行直播销售工作。

② 懂产品：从货品深度（同一类产品不同的类型、规格）到产品的认识广度（商品本身能影响的范围大小）都要有基本的了解。

③ 套路多变、思维活跃：由于直播间玩法和内容的重要性，不光主播要灵活，场控也要随机应变，思路活跃，能够应对突发的情况等。

（3）直播场控的类型

场控的类型多种多样，在现在的直播销售中，一般来说有以下5种场控类型，如图9-10所示。

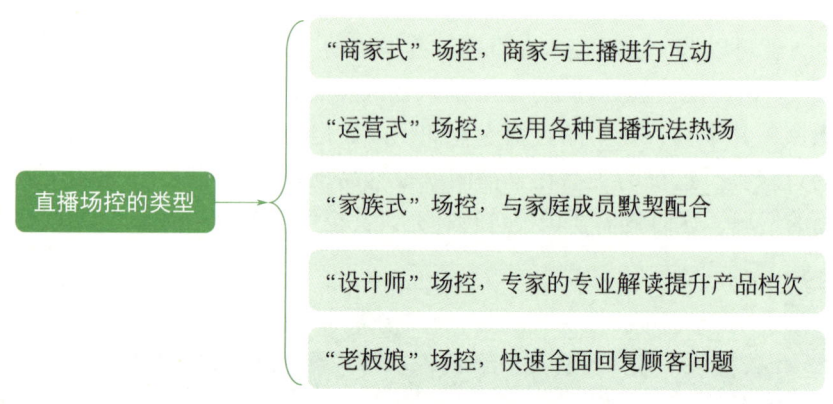

图9-10 直播场控的五大类型

① "商家式"场控。"今天商家亲临现场，主播一定给大家要最低价"，通过一定的语言描述，制造一种主播在线真实砍价的氛围，让用户认为自己占了便宜，主播为大家要了一个最优惠的价格。

② "运营式"场控。这种类型比较常规，会定时组织直播间玩法，例如红

包、秒杀热场，以配合主播的直播节奏。

不会主动出现在直播间的镜头内，不会自我加戏，但是会在适当的时候热场，"运营式"场控是现在大部分直播间的固定模式和套路。图9-11所示为运营式场控。这种场控没有直接出现在直播间，而是以动漫人物的方式配上早已准备好的脚本，形式新颖，深受用户喜爱。

③"家族式"场控。顾名思义，就是主播自己的家庭成员来协助自己进行直播工作，充当自己的场控，由于是主播自己熟悉的家庭成员，彼此之间有一定的默契，一家人互相配合，更容易互相理解，也不会出现尬场的情况。图9-12所示为家族式场控。

图9-11　运营式场控

图9-12　家族式场控

④"设计师"场控。为了更好地讲解直播设计理念和艺术感，就会请元老级设计师来担任场控，或者请专业的直播策划者担任直播间场控。

这类场控会给观看直播的用户一种专业的感觉，提高他们对商品的信服度，除此之外也会增加品牌、产品的设计感，提升档次。

⑤"老板娘"场控。老板娘这一身份就表明了这个角色对于货品的了解更加全面丰富，在销售产品时，对于用户提出的需求，可以更加快速、准确地理解，这样自然可以提高用户对商品的信服度。

9.1.4　直播气氛

对于新手主播来说，在最开始直播时，往往会出现一些不知道讲什么的情况，用户没有评论、无人互动、肢体表现欠佳、面无表情，只是机械化地展示产品的情况。图9-13所示为主播的肢体表现到位的直播案例，完美呈现出衣服和鞋子的搭配感。

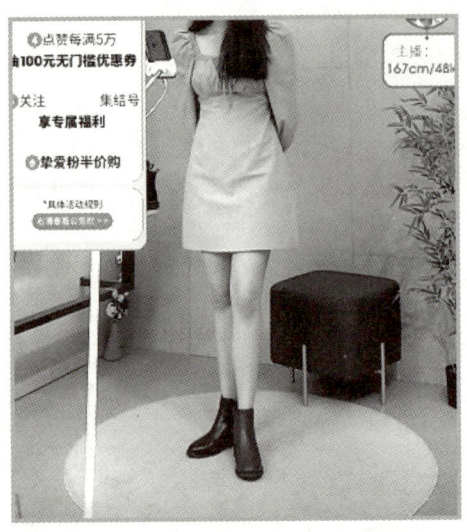

图9-13 主播肢体表现到位的直播间

　　肢体表现欠佳、面部表情管理不到位这些情况的出现，主要是由于主播尤其是新人主播，对直播间的流程掌握不够，缺乏直播的经验。而对于从事了一段时间的主播，如果仍然出现这种状况，则有可能是因为直播间人数太少，没有活力去进行直播销售。

　　不管怎么样，为了避免出现直播间由于用户人数稀少而产生无精打采、尴尬和冷清情况，主播必须想办法提高直播间的吸引力，甚至可以自娱自乐。假如主播自己都没有一个好的状态直播，用户的参与度也很难提升。主播可以通过和用户互动来改善这种情况。下面介绍几种常见的互动表达方式。

（1）丰富的肢体语言

　　人的肢体语言可以直接表达出自己的心情，做出一些可爱的、有趣的肢体动作，可以更好地传递主播在销售过程中的心情状态，有时一个随意举动，就能提高用户的好感度，也可以将此打造成特色，获得用户的支持。

　　在直播过程中，主播还可以通过丰富的表情和肢体语言来感染用户的情绪，引导用户积极回应。图9-14所示就是主播在直播间通过肢体语言展示来吸引用户。随着主播手指的移动，拍摄镜头随之切换。用户也能更清楚仔细地看到直播内容。

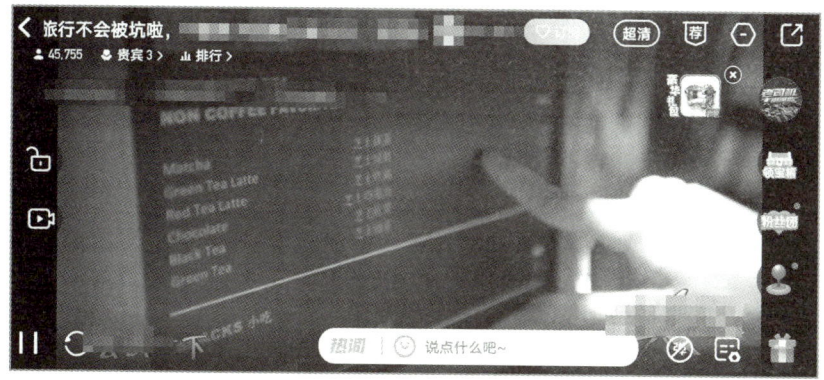

图9-14 直播间里主播丰富的肢体语言展示

（2）趣味段子大放送

主播在直播间里可以给用户讲讲段子，段子具有使人开心、愉悦的功能，能够调节直播间的气氛，也能活跃整个直播间氛围，让用户更快地融入直播间，避免用户在进入直播间没多久就退出直播间。

此外，通过一些趣味段子放送，可以让新关注主播的用户，早点熟悉主播，避免用户因为刚入直播间不了解主播风格，就没有去和主播互动的情况。通过主播讲段子给用户听，也可以塑造出主播爽朗的人设形象，帮助主播更好地吸粉、留粉，让新用户进一步转化成老用户。

（3）人生经历引共鸣

主播可以通过与用户分享自己的人生经历来引发用户共鸣，进而活跃直播间的气氛。这种方式有以下3个作用。

① 获取用户的同理心：当主播分享自己的人生经历时，有些用户也会有类似或者相同的经历，这就可以引起用户的同理心，主动和主播互动，也可以避免直播间冷场的局面。

② 使用户熟悉主播：新用户首次进入直播间时，对于主播是非常陌生的，这时就需要用户了解主播。用户通过倾听主播的人生经历，可以迅速熟悉主播、接受主播。

③ 让新用户带新用户：主播通过丰富的肢体语言、讲段子等互动方式，让直播间聚集一批趣味相投的新用户，而这些新用户也会带来他们的朋友或者家人关注主播。

需要注意的是，如果直播的主要用户人群是宝妈和学生，主播在分享自己的人生经历时，最好是分享一些与这两类人群相贴近的内容。

但是，不管是分享话题，还是分享内容，内容必须积极向上、充满正能量，以主播在人生中的所感所悟为主。主播要拒绝输出负面能量，严禁敏感话题。

（4）随机抽奖活气氛

这种方式最能活跃直播间的气氛，常见的互动方式是点赞、截屏抽奖和抽半价免单活动等。这些活动能拉近主播与用户的关系，同时设立活动奖品，也能够吸引用户在直播间停留参与互动。

对于大部分用户来说，他们可以穿梭于不同的直播间。而主播通过设置抽奖、送礼等活动，就可以让用户的停留时间增长。图9-15所示为直播间通过设置优惠券、新人礼券等活动来吸引用户关注，提高用户的停留时间，提高直播间的人均观看时长。

图9-15　直播间里的奖品设置活动

主播可以运用多种互动方式，让用户感到在这个直播间有归属感，让他们愿意长时间在一个直播间里逗留。这样可以增加用户同时在线人数，更有机会获取更多用户的关注，让直播间的人气爆起来。

（5）明确主题增黏性

主播在直播前就要确定好自己的直播主题，直播开始时可以直接开始主题演讲，这样做可以让主播在直播时有话可说，也能通过演讲主题引发用户的交流兴趣，从而快速吸引用户的注意。

主播在每次直播前，一定要确定好自己的直播主题，根据主题列好活动大纲，之后再根据活动内容准备好材料，这样才可以避免在直播过程中漫无目的、随意地找话题，否则很容易让用户感觉主播不够专业。

尤其是对于销售主播来说，需要明白的是自己不仅仅是演讲，还要销售商品。这需要主播对主题严格把握，并灵活运用，这样才可以让用户产生兴趣，对主播产生一定的黏性。

9.2 直播带货：销售的技巧和话语

主播在销售过程中，除了要把产品很好地展示给用户以外，还要掌握一些销售技巧和话语，这样才可以更好地进行商品推销，提高主播自身的带货能力，从而让主播的商业价值得到提升。

> 由于每个用户的消费心理和消费关注点都不一样，在面对合适、有需求的商品时，他们仍然会由于各种产品细节原因或者其他因素，最后没有采取实际的下单行为。
>
> 面对这种情况，主播就需要借助一定的销售技巧和话语来突破用户的最后心理防线，促使用户完成下单行为。

本节将向读者介绍几种销售技巧和话语，帮助大家提升带货能力，创造直播间的高销量。

9.2.1 介绍法表明优势

主播在直播时可以用生动形象、有画面感的话语介绍产品，以达到劝说用户购买产品的效果。下面分析介绍法的3种操作方式,如图9-16所示。

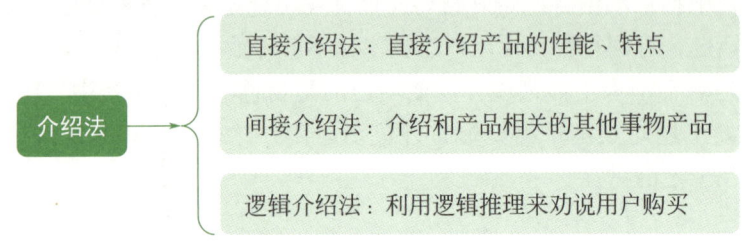

图9-16　介绍法的3种操作方式

(1) 直接介绍法

直接介绍法是销售人员直接向用户介绍产品的优势和特色,进而达到劝说用户购买的一种办法。这种推销方法的优势就是非常节约时间,直接让用户了解产品的优势,省去不必要的询问过程。

以食品为例,介绍这款食品是纯手工制作,低糖,也适合中老年人食用,直接介绍食品的原材料,介绍食品的口感,或者在直播间标明该食物可以用消费券购买,以吸引用户目光。图9-17所示为某直播间标注的门槛代金券和直播分享券。

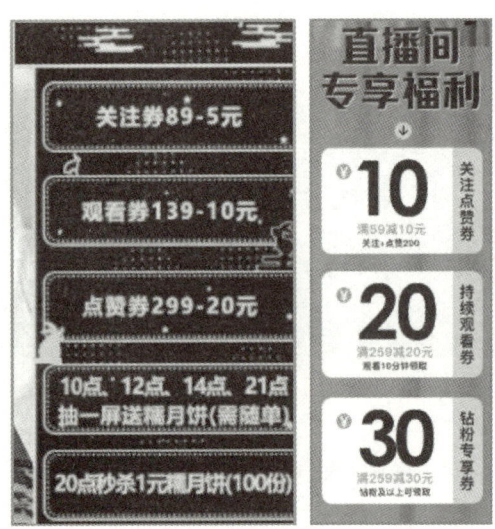

图9-17　某直播间的门槛代金券、直播分享券

(2) 间接介绍法

间接介绍法是向用户介绍和产品本身相关或密切联系的其他事物来衬托介

绍产品本身。例如，主播想向用户介绍服装的质量，可以通过介绍服装的做工、面料等来表明服装的质量过硬，值得购买，这就是间接介绍法。图9-18所示为主播通过镜头向粉丝介绍服装的做工、面料。

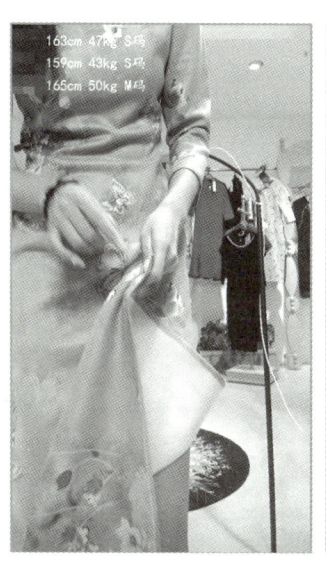

图9-18　主播向粉丝介绍服装的做工、面料

（3）逻辑介绍法

逻辑介绍法是销售人员采取逻辑推理的方式，以达到说服用户购买产品的一种沟通推销方法。这也是线下产品销售常用的一种推销手法。

> **专家提醒**
>
>
>
> 主播在进行推销时，可以对用户说"用几次奶茶钱就可以买到这款产品，你肯定会喜欢"。这就是一种较为典型的逻辑介绍，通过与用户讲道理的方式向用户推荐产品，做到以理服人。

9.2.2　赞美法促使下单

赞美法是一种常见的推销技巧，因为每个人都喜欢被人称赞，喜欢得到他人的赞美。在这种情景下，被赞美的人很容易情绪高涨愉悦，并在这种心情的引导下采取购买行动。

直播时，主播可以通过三明治赞美法进行产品销售。什么是三明治赞美法，接下来进行介绍。

图9-19 三明治赞美法的表达形式

三明治赞美法属于赞美法中比较被人推崇的一种表达方法，它的表达方式是：首先根据对方的表现来称赞他的优点；然后再提出希望对方改变的不足之处；最后重新肯定对方的整体表现状态。图9-19所示为三明治赞美法的表达形式，充分利用顾客心理达到推销产品的目的。

专家提醒

当粉丝担心自己的身材不适合这件裙子时，主播就可以对粉丝说，这条裙子不挑人，大家都可以穿，虽然你可能有点不适合这款裙子的版型，但是你非常适合这款裙子的风格，不如尝试一下。这就是典型的三明治赞美法，以产品的另一个优点来补全不足之处，体现产品的真实性。

9.2.3 强调法强化印象

强调法就是不断地向用户强调这款产品是多么好，多么适合顾客，类似于"重要的话说三遍"的意思。

例如，当主播想大力推荐一款服装产品时，可以不断地强调这款服饰的特点，并以此营造一种热烈的直播氛围，在这种氛围下，用户很容易跟随这种热烈情绪不由自主地下单。

9.2.4 示范法展示产品

示范法也叫示范推销法，就是要求主播把要推销的产品，展示给用户去看、去摸、去闻，从而激起用户的购买欲望。

由于直播销售的一些局限，用户无法亲自看到产品，这时就可以让主播代替用户体验产品。对于用户来说，由于主播一般比较了解产品的风格和款式，由主播代替自己来了解产品，用户也会更加放心。图9-20所示为示范法的操作方法。

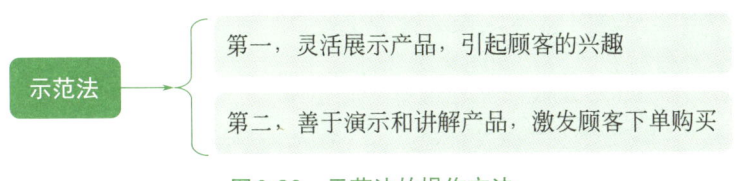

图9-20　示范法的操作方法

（1）灵活展示自己的产品

示范法是一种日常生活中常见的推销方法，不管是商品陈列摆放、当场演示，还是试用、试穿、试吃产品等，都可以称之为示范法。

示范法的主要目的就是希望让用户体会到亲身接触产品的感觉，同时通过把商品的优势尽可能地全部展示出来，吸引用户的兴趣。

大多数店铺都会选择这种方式，对产品的各部位细节进行拍摄，尽可能地把产品拍摄得美美的，从而提升产品的感官品质。图9-21所示为某服装品牌商家拍摄的服装细节图。

图9-21　某品牌商家拍摄的服装细节展示图

（2）善于演示和讲解产品

对于销售人员来说，善于演示和讲解产品是非常有必要的，毕竟说再多，不如让顾客亲自试用一下产品。就像出售床上用品的商家一般会创造一个睡眠环境，让顾客在床上试睡。

但直播这种线上销售方式，无法让顾客亲自试用产品和了解产品。例如，在营销服装时，主播就可以在直播过程中，自己穿上服装，通过镜头灵活地展现产品的款式和穿着效果，如图9-22所示。

图9-22　主播在镜头前展示服装的穿着效果

9.2.5　限时法带货技巧

限时法是直接告诉用户此时正在举行某项优惠活动，这个活动到哪天截止，在活动期用户能够得到的优惠是什么。此外，提醒用户，在活动期结束后再购买，就会花费不必要的经济支出。

例如："亲，这款产品，我们今天做优惠降价活动，今天就是最后一天了，你还不考虑入手一件吗？过了今天，价格就会回到原价位，和现在的价位相比，足足多了几百元呢！如果你想购买这款产品，必须得尽快做决定，机不可失，时不再来。"

主播在直播间向用户推荐时，可以积极运用这种手法，给他们制造紧迫感，也可以在直播界面显示文字来提醒用户。图9-23所示为限时法的展示。

图9-23 直播间运用限时法的带货技巧

这种推销方法会给用户一种错过这次活动，之后再买就亏大了的想法，同时通过设置最后的期限，令用户产生一种心理紧迫感。

9.2.6 直播的常用话语

在直播过程中，主播如果能够掌握一些通用的话语，将会获得更好的带货、变现效果。下面介绍5种直播通用话语，帮助大家更好地提升自身的带货和变现能力。

（1）用户进入，表示欢迎

当有用户进入直播间时，直播的评论区会有显示，主播可以对其表示欢迎。当然，为了避免欢迎话语过于单一，主播可以根据自身和观看直播用户的特色来制定具体的欢迎话语。常见的欢迎话语主要包括以下4种。

① 结合自身特色。如："欢迎×××来到我的直播间，希望我的歌声能够给你带来愉悦的心情。"

② 根据用户的名字。如："欢迎×××的到来，看名字，你是很喜欢玩《×××××》游戏吗？真巧，这款游戏我也经常玩！"

③ 根据用户的账号等级。如："欢迎×××进入直播间，哇，这么高的等级，看来是一位大佬了，求守护呀！"

④ 表达对忠实粉丝的欢迎。如："欢迎×××回到我的直播间，差不多每场直播都能看到你，感谢一直以来的支持呀！"

（2）用户支持，表示感谢

当用户在直播间购买了产品，或者刷了礼物表示支持时，主播可以通过一定的话语对用户表示感谢。

① 感谢购买产品的。如："谢谢大家的支持，××产品不到1小时就卖出了500件，大家太给力了，爱你们！"

② 感谢刷礼物的。如："感谢××哥的嘉年华，这一下就让对方失去了战斗力，估计以后他都不敢找我PK了。××哥太厉害了，给你比心！"

（3）通过提问，活跃气氛

在直播间向用户提问时，主播要使用更能提高用户积极性的话语。对此，笔者认为，主播可以从两个方面进行思考，具体如下。

① 提供多个选项，让用户自己选择。如："接下来，大家是想听我唱歌，还是想看我跳舞呢？"

② 让用户更好地参与其中。例如，想听我唱歌的评论1，想看我跳舞的评论2，我听大家的安排，好吗？

（4）引导用户，为你助力

主播要懂得引导用户，根据自身的目的，让用户为你助力。对此，主播可以根据自己的目的，用不同的话语对用户进行引导，具体如下。

① 引导购买。如："天啊！果然好东西都很受欢迎，半个小时不到，××产品已经只剩下不到一半的库存了，要买的宝宝抓紧时间下单哦！"

② 引导刷礼物。如："我被对方超过了，大家给力点，让对方看看我们真正的实力！"

③ 引导直播氛围。如："咦！是我的信号断了吗？怎么我的直播评论区一直没有变化呢？喂！大家听不听得到我的声音呀，听到的宝宝请在评论区扣个1。"

（5）下播之前，传达信号

当直播即将结束时，主播应该通过下播话语向用户传达信号。那么，如何向用户传达下播信号呢？主播可以重点从两个角度切入，具体如下。

① 感谢陪伴。如："直播马上就要结束了，感谢大家在百忙之中还抽出时间来观看我的直播。你们就是我直播的动力，是大家的支持让我一直坚持到了现在。期待下次直播还能看到大家！"

② 表示祝福。如："时间不早了，主播要下班了。大家好好休息，晚安好梦，我们来日再聚！"

9.3 带货话语：6招带货效果翻倍

在直播带货的过程中，话语的使用非常重要。有时候使用正确的话语，能让你的直播带货成效成倍提高。那么，带货话语有哪些以及如何正确使用呢？下面介绍直播带货的6个表述要点。

9.3.1 口头用语拉近距离

口头用语就是在日常生活中经常使用的、口头化的语言。也正是因为口头用语是常用的语言，所以，当直播运营者使用口头语言时，能快速拉近与用户的距离，让用户觉得特别亲切。

专家提醒

直播中通过对产品的展示可以有效地增加用户对产品的需求。所以，使用口头用语通常能在快速拉近与用户距离的同时，吸引用户关注产品，从而更好地提高直播的带货能力。

9.3.2 巧妙植入剧情模式

虽然一场直播有时候不过几十分钟，但是，用户仍会对直播的内容有一定要求。许多用户都喜欢有一定剧情的直播，因为这种更有代入感，也更有趣味性。所以，剧情式的直播内容能获得流量。

而对于运营者来说，无论是一般的直播文案，还是直播带货文案，流量的获得都是关键。因为获得的流量越多，通常就更容易达到营销目标。硬性植入广告有时会让用户产生反感情绪。所以，运用剧情模式将产品巧妙地植入不失为一种不错的直播带货方式。

在剧情式直播中植入产品时，产品与剧情的融合度至关重要。如果植入的产品与剧情本身毫不相关，用户在看到植入之后，可能还是会觉得植入过于生硬，产生反感。因此，运营者在通过剧情式直播带货时，最好还是根据要植入的产品来设计合理的剧情。

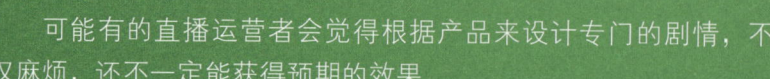

专家提醒

可能有的直播运营者会觉得根据产品来设计专门的剧情，不仅麻烦，还不一定能获得预期的效果。

很多事情做了虽然不一定能立马看到预期的效果，但不做就一定看不到预期的效果。更何况，根据产品设计剧情并打造的直播对用户更具有吸引力。即使这样做未能在短期内提高产品的销量，但是产品被更多用户看到了，从长期来看对于提高产品的销量也是有益的。

9.3.3 借用金句揭秘大咖

各行各业都会有一些知名度比较高的大咖，大咖之所以能成为大咖，就是因为他们在行业中具有专业的素质，并且获得了傲然的成绩。在直播带货领域也有一些做出了成绩的大咖，这些人之所以能成功，就在于他们懂得通过话语引导用户购买产品，甚至于有的带货主播还形成了自己的特色营销语。

9.3.4 提及福利强调价格

很多时候，价格都是用户购买一件产品时重点考虑的因素之一。这一点很好理解，毕竟谁都不想花冤枉钱。同样的产品，价格越低就越会让人觉得划得来。这也是许多人在购买产品时，不惜花费大量时间去"货比三家"的原因。

基于这一点，运营者在直播带货时，可以通过提及福利，适当地强调产品的价格优势和优惠力度。这样用户就会觉得产品的价格已经比较优惠了，其对产品的购买欲望自然也会更强烈。

图9-24 让直播用户看到产品的价格优惠

图9-24通过原价和福利价的对比，

让用户看到产品在价格上的优惠。

9.3.5 亲身试用可观可信

俗话说,耳听为虚,眼见为实。亲眼看到的东西,人们才会相信。其实,在产品购买的过程中也是如此。如果直播运营者只是一味地说产品如何好,但却看不到实际的效果,那么用户可能会觉得你只是在自卖自夸,这就很难打动直播用户了。

针对这一点,运营者在制作直播时,可以亲身试用产品,让用户看到产品的使用效果,并配备相应的表述进行说明。这样,用户在看到你的带货直播时,就会觉得比较直观、可信。

因此,在条件允许的情况下,笔者还是建议大家尽可能地在带货直播中亲身试用产品,并对效果进行展示。亲身试用对于接触皮肤和食用型产品尤为重要,因为用户对于这些产品的安全性会特别关注。如果运营者不在直播中展示亲身使用的效果,那么部分用户就会对主播销售的产品产生怀疑。这样一来,直播用户自然不会轻易下单购买产品了。图9-25所示为某主播在直播中亲自试吃食品。

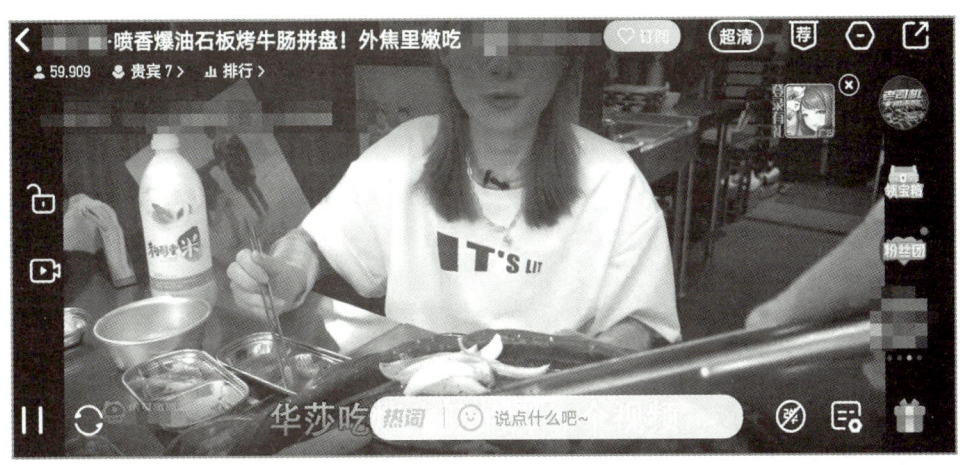

图9-25 某主播亲身试吃食品

其实,亲身试用操作起来很简单,如果销售的是服装,只需展示穿上服装后的效果即可,如图9-26所示。

图9-26 某主播亲身试穿服装

9.3.6 同款对比突出优势

有一句话说得好:"没有对比,就没有差距。"如果运营者能够将同类产品进行对比,用户就能直观地把握产品之间的差距,更好地看到产品的优势。

当然,有的运营者可能觉得将自己的产品和他人的产品进行对比,有贬低他人产品的意味,可能会得罪人。其实可以转换一下思路,即用自己的新款产品和旧款进行对比。这不仅可以让新款和旧款都得到展示,而且只要话语使用得当,新款和旧款的优势都可以得到显现。

图9-27所示就是某主播将同品牌的黑色长袜和黑色短袜、肤色长袜三款同时进行对比,用对比来凸显肤色长袜更接近原来身体的颜色,更显示腿型。本来这个品牌的黑色长袜质量就比较好,也获得了一大批忠实的用户。而通过直播中的对比,用户就会觉得肤色长袜更好。这样一来,用户对于长袜的购买欲望就更强烈了。

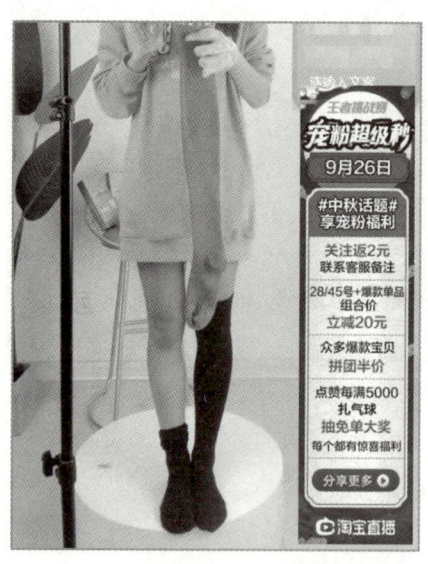

图9-27 通过对比展现产品的优势

9.4 带货文案：赢得直播用户信任

谁都不会购买自己不信任的产品，所以运营者如果想要让用户购买你的产品，那么就必须先赢得用户的信任。赢得用户信任的方法有很多，其中比较直接有效的一种方法就是写出好的带货文案。

那么怎样写出好的带货文案呢？笔者认为，大家可以从6个方面重点突破。

9.4.1 文案塑造专业形象

有的用户在购买产品时会对直播运营者自身的专业性进行评估，如果运营者自身的专业度不够，用户就会对主播推荐的产品产生怀疑。

所以，在直播账号的运营过程中，还需要慢慢通过直播文案树立权威，塑造自身的专业形象，增强用户对自身的信任感。这一点在专业性比较强的领域显得尤为重要。

例如，摄影就是一个很重视专业性的领域，如果摄影类直播运营者不能分享专业知识，那么就不能获得用户的信任，就更不用说通过直播销售摄影类产品了。

也正是因为如此，许多摄影类直播运营者都会通过直播文案来凸显自身的专业性。图9-28所示为某摄影类运营者发布的一条直播，主播通过详细的讲解再加上其自身实践，拍摄出来的照片非常唯美，这就凸显了摄影主播的专业性。

图9-28 通过文案凸显自身专业性

> 上例的运营者在直播中对如何用手机拍摄烟花进行了详细说明,用户看完该直播之后学会了手机拍摄烟花,就会觉得该直播运营者在摄影方面非常专业。在这种情况下,用户再看到直播中的摄影产品链接,就会觉得该产品是运营者带有专业眼光挑选的,便对直播中销售的摄影产品多了一分信任。

9.4.2 事实力证获得用户认可

直播运营者与其将产品夸得天花乱坠,不如直接摆事实,让用户看到产品使用后的真实效果。

图9-29所示为小个子女装的直播。该运营者并没有对小个子女装进行太多的夸耀,而是直接选一个身高为150厘米左右的小个子主播将服装穿着在身,用事实来力证店铺小个子服装的穿衣效果。

图9-29 通过事实力证产品使用效果

专家提醒

因为有事实的力证,所以用户通过该直播可以很直观地看到小个子服装的上身效果,穿搭效果也确实比较好。因此,部分小个子女生在看到该直播文案时,就会觉得直播中的小个子服装值得一试了。

9.4.3 借力用户打造口碑

从用户的角度来看,直播运营者毕竟需要通过销售产品来变现,所以如果只是直播运营者说产品各种好,用户通常不会轻易相信。对此,运营者在制作直播文案时,可以通过适当借力用户来打造产品和店铺的口碑。

借力用户打造口碑的方法有很多,既可以展示用户的好评,也可以展示店铺的销量或店铺门前排队的人群,还可以将用户对店铺或产品的建议表达出来,让直播用户更全面地看到。

借力用户打造产品口碑对于实体店企业来说尤其重要,因为一些实体店企业的产品是无法通过网上发货的,只能通过外卖的方式送给附近的顾客。借力用户打造产品口碑,会让附近看到店铺直播的用户对店铺及店铺中的产品多一分兴趣。这样一来,店铺便可以直接将附近的用户转化为店铺的顾客了。

9.4.4 消除疑虑解答疑问

通常来说,直播用户在购买一件产品时,都会先判断这件产品对自己是否有用处。如果产品对自己没有用处,肯定是不会购买的。另外,如果对产品的理解不够,不知道产品对自己是否有用,许多用户可能也不会轻易下单。

因此,主播如果想让用户购买你的产品,就需要通过直播让用户快速理解产品。这样,用户才好根据自己的理解判断产品是否对自己有用处,而不至于因为对产品不理解,怕踩坑就直接放弃购买产品。

如果用户对你销售的产品还有疑虑,那么用户也是不会购买产品的。因为通过直播平台销售产品时,用户是无法直接体验产品的,所以用户心中难免会

图9-30 直播过程中用户提问的案例

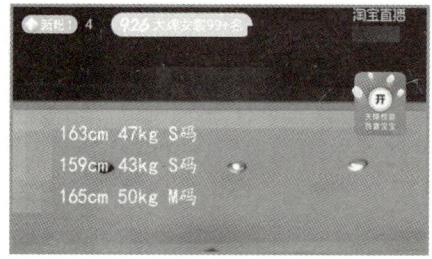

图9-31 主播身高体重等信息

对产品有所疑虑。因此，在制作直播带货文案时，运营者还需要解答用户的疑虑，让用户放心购买你的产品。

以服装类为例，有的观众会在看了主播的展示之后，根据自身实际情况提出问题。例如，在直播间内问主播"我身高不高能穿吗？"对于这类问题，主播可以要求用户提供具体的身高体重信息，再给予合理意见；或者询问用户平时所穿的尺码，例如衬衫，可以说是标准尺码，平时穿L码的用户，可以选择L码，也可以自行测量一下自身的腰围，再参考衬衫的详情信息，选择适合的尺码，如图9-30所示。

如果运营者销售的是一种新产品（此前市场上没有类似产品）或拥有新功能的产品，那么通过主播展示产品，让用户快速理解产品就是非常重要而且必要的。

直播中最常见的问题就是问主播的身高以及体重。直播界面通常会显示主播的身高以及体重信息，但是有的用户没有注意到，主播可以直接回复他，并且提醒一下上方有信息，有其他的问题可以继续留言，如图9-31所示。

有时候用户会问主播，为什么不理人，或者责怪主播没有理会他，这时候主播需要安抚该用户的情绪，可以回复说没有不理，并且建议用户多刷几次，就看见了，如果没有安抚的话，可能会丢失这个用户。

许多用户有过失败的网购经验，所以，对于网上销售的产品会有一些不信任感。直播运营者如果要获得这些用户的信任，就要消除用户的疑虑，让用户信任你，进而相信你推荐的产品。

9.4.5 扬长避短展示优势

无论是哪种产品，都会既有缺点，也有优点。但是，有的用户会过于在意产品的不足，如果看到产品有不如意的地方，就会失去购买该产品的兴趣。

为了充分挖掘这部分用户的购买力，直播运营者在展示产品时，需要有选择性地对产品的优缺点进行呈现。更具体地说，就是要尽可能地扬长避短，重点展示产品的优势，规避产品的不足。

图9-32所示为金秋佳节渔货送礼的直播。运营者在展示产品时，重点对"新鲜""刚打捞上来""规格齐全"等优点进行了说明，让用户一目了然。所以，对这一类产品有需求的用户在看到该文案之后很容易就心动了。

图9-32　突出优点案例

集中并放大产品的主要卖点，进行重点突破，对于拥有某个突出卖点的产品来说非常实用。通过对优势卖点集中并放大展示，能够强化产品的主要卖点，让直播用户快速把握住产品的核心信息。

图9-33所示为某品牌服饰的直播。主播集中并重点展示了衣服的面料，是难得的雪纺面料，轻薄透气，丝滑柔软。那么，大部分用户看完这个直播之后，都会留下这件衣服很舒适的印象，进而下单购买。

9.4.6　缺点转化凸显优势

俗话说"金无足赤，人无完人"，产品也是如此。无论是什么产品，总会有一些缺点和不足。有缺点和不足并不可怕，可怕的是缺点和不足被无限放大，成了产品的致命弱点。

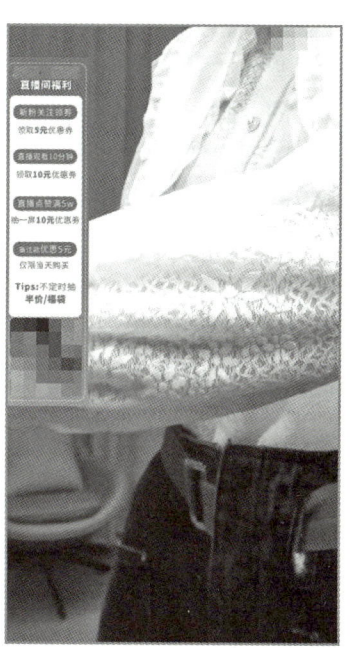

图9-33　集中并放大产品优势卖点的案例

其实有时候只要处理得当，缺点和不足也能转化为凸显产品优势的助力。关键就在于要找到一种合适的转化方式，让直播用户通过产品的些许缺点和不足，看到产品的其他优势。

缺点转化的方式有很多，其中一种比较有效的方法就是通过一定的话语表明产品的缺点和不足只有一个，将产品的一个显著但又不影响品质的缺点进行说明。这样，用户在看到直播之后，就会觉得产品只有这一个不足挂齿的缺点，其他的都是优点。在这种情况下，用户对产品的好感度便会得到快速提升。

9.5 直播预告：带动下期直播流量

要让用户记住一种产品通常有两种方法：一种是通过产品的展示，让产品在用户心中留下深刻的印象；另一种是通过反复提醒用户，用简单易记的文案或者话语宣传产品，从而让用户记住这个直播间，记住这些产品。

所以，一场直播的结束并不代表直播真的结束了，这往往是下一场的开始，下期的直播预告也是必不可少的。通过对下一期直播的部分展示，让那些意犹未尽的用户还能了解下一场的相关信息，这样在下一场开始时，这些潜在用户也能来直播间报到。这也是许多品牌不惜花费大量成本做直播宣传的重要原因。

那么具体怎样操作才是一场合格的直播结尾呢？接下来笔者将一一为大家介绍。

9.5.1 总结直播复盘产品

主播完成一场直播可能算不上一件难事。但是，要制作一场有记忆点的直播却不是一件容易的事。很多用户在看完直播之后，甚至不知道这场直播的主要内容是什么。

那么，在直播结尾时，对所有的产品进行一个复盘，让用户再快速简洁地浏览一遍产品是十分有必要的，可以从以下两个方面来重点了解结尾复盘的作用。

① 方便新用户。一般来说，很难有用户能够完整观看一场直播，大部分用

户是在直播中途或者直播结束的时候才进入直播间。结尾复盘能够让后进入直播间的用户对直播间有一个大概的了解，这也是抓住用户在直播间的每一分每一秒，吸引用户的目光，不放过任何销售产品的机会。而对新用户来说，他们能花最短的时间了解最多的信息，何乐而不为呢。

② 帮助老用户。对于一直在直播间的用户来说，直播内容过多可能导致用户看了这个产品就忘记了上一个产品的内容，或者想要与之前的产品做对比的时候只有一个模糊的印象，不知道具体是什么。那么，结尾复盘的效果就体现出来了。不仅能帮助用户回忆起之前的产品，还能让用户对所有产品做一个横向对比，提高直播用户的购买率。图9-34所示为某行李箱包品牌直播的产品清单。

图9-34　某箱包品牌直播产品清单

9.5.2　预告下期守住流量

随着网络技术越来越发达，一个优质的直播预告不仅会提高消费者关注度，各大直播平台还会将优质预告放在平台首页，并精准地匹配目标用户，提高新增关注人数。那么一场优质的直播预告包括哪些内容呢？

首先，预告要包括直播的时间、人物、地点和事件，这是最基础的预告内容。例如，在直播快结束的时候说："这次的直播要接近尾声了，时间太匆匆，还没和大家玩够就要暂时说再见了。喜欢主播的朋友可以明晚8点进入我的直播间,到时候我们再一起玩呀!"其次,就是对下一场直播可能出现的产品进行包装打造。如何让你的直播文案更加简单易记,吸引用户呢?在这里,笔者重点给大家提供两种方案。

一种是通过趣味性的表达,让用户在会心一笑之余,对直播文案及直播中的产品留下印象。另一种是通过说明性的文字,对产品的主要功能和特性进行形象的说明,让用户可以通过文案直观把握产品的功能和特性。

要特别注意的是,预告内容一定要突出下一场直播主旨,做到详尽又不会过于啰唆。同时直播的主题一旦选定不要轻易更换,否则也会流失掉一部分用户。

第10章

热评文案：
永远能戳中内心的某个点

绝大多数直播都将评论作为一种重要的互动形式。其实，评论不只是一种互动形式，还是吸粉、获得精准用户的一种有效手段。那么，如何利用评论来吸粉，获得精准用户呢？这一章就来介绍具体的技巧。

评论要点：评论区创作技巧与分析

说到文案，大多数运营者可能更多地想到的是直播内容策划里面的文案。除此之外，在直播运营过程中还有一个必须重点把握的就是评论区的文案。

那么，评论区文案有哪些技巧呢？这一节笔者就从3个方面进行具体分析。

10.1.1 自我评论补充内容

直播中文案能够呈现的内容相对有限，这就可能导致一种情况的出现，那就是有的内容需要进行补充。此时，运营者便可以通过评论区的自我评论来进一步表达。

笔者看来，运营评论区是对直播内容进行二次处理的有效手段。通过评论区的辅助说明，运营者既可以完善内容，让营销意图得到更好的体现，也可以对直播中表达有误的地方进行补充说明，及时纠正自身的错误。

专家提醒

在刚发布时，可能看到直播内容的用户不是很多，也不会有太多评论。此时，如果进行自我评论，也能从一定程度上起到吸引用户参与评论的作用。灵活运用评论也是直播的技巧之一。

如图10-1所示，运营者在发布内容之后，主动根据直播内容进行自我评价，并且重点注明"也很适合小朋友"，让用户进入直播间第一眼就可以看到，可以有效地吸引用户参与评论。

10.1.2　回复评论引导用户

除了自我评论补充信息之外，运营者在运营评论时，还需要通过回复评论解决直播用户的疑问，引导用户的情绪，从而提高产品的销量。

如图10-2所示，运营者在直播发布之后，对评论中用户的一些疑问进行了回复，解答了用户怎样进行购买、有哪些人群能够用得上等疑问。疑问得到解答之后，用户的购买欲望自然会更强烈。

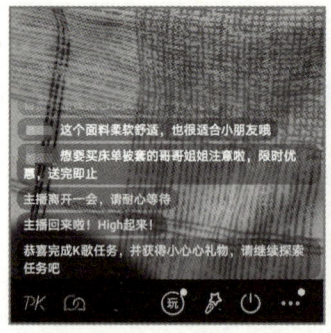
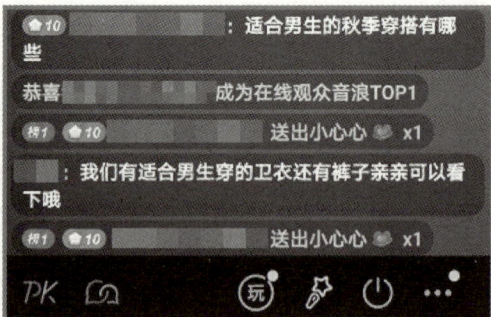

图10-1　根据直播内容自我评价　　图10-2　通过回复评论引导用户

10.1.3 规避风险提高价值

回复评论看似是一件再简单不过的事,实则不然。这主要是因为在进行直播评论时还有一些需要注意的事项。

(1)第一时间回复评论

运营者应该尽可能地在第一时间回复用户的评论,这主要有两个方面的好处。一是快速回复用户能够让直播用户感觉到你很重视他,这样自然能增加用户对你以及你运营的账号的好感;二是回复评论能够从一定程度上增加直播的热度,让更多用户看到你的直播。

如何做到第一时间回复评论呢?其中一种比较有效的方法是在直播发布时,实时查看用户的评论。一旦发现有新的评论,便在第一时间做出回复,让用户觉得你一直在关注评论区的情况。这不仅是态度问题,还是获取直播用户好感的一种有效手段。

另外,运营者应尽可能多地对用户的评论作出回复,最好是能对每个评论都进行回复,运营者回复的评论越多,获得的粉丝可能就会越多。

与用户进行评论互动是提高直播热度、增强用户黏性的一种有效手段。虽然用户评论直播时不会要求运营者回复评论,但如果一个直播的评论量很多,在评论区却看不到运营者的身影,这种情况下,很可能会出现用户的快速流失。

(2)不要重复回复评论

对于相似的问题,或者同一个问题,运营者最好不要重复回复,这主要有两个原因。一是很多用户的评论中或多或少会有一些营销的痕迹,如果重复回复,那么整个评价界面便会看到有很多广告的内容,而这些内容往往会让用户产生反感情绪。二是点赞相对较高的问题会排到评论的靠前位置,运营者只需对点赞较高的问题进行回复,其他有相似问题的用户自然就能看到,而且这还能减少回复评论的工作量,节省大量的时间。

其实，运营者还可以通过一定的技巧，减少重复的评论。比如，可以通过自我评论将用户关心的问题作出统一回答，如图10-3所示。这样一来，用户看到评论之后，相关问题就能得到答案了。

（3）注意规避敏感词

对于一些敏感的问题和词，运营者在回复评论时一定要尽可能地规避。当然，如果无法回避，那也可以采取迂回战术。如对敏感问题不作出正面的回答，用一些其他意思相近的词或用谐音代替敏感词。

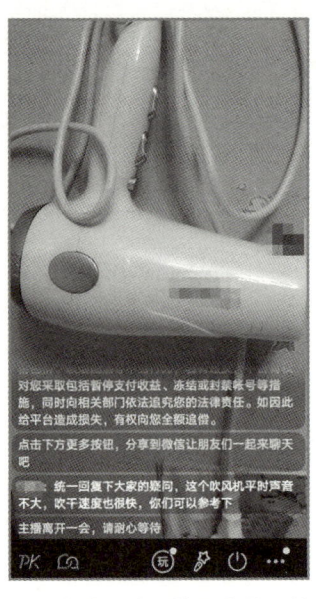

图10-3　自我评论回答用户关心的问题

10.2 评论创作：比直播更有趣的"神评论"

大多数经常刷直播的用户都会习惯性地查看直播的评论，这主要是因为有时候评论比直播内容还要有趣。在这种情况下，如果运营者写出了有意思的"神评论"，能快速吸引大量直播用户的目光，为自己的账号及直播间带来较为可观的流量以及效益。

10.2.1　用热点吸引用户眼球

利用热点能创作标题，进行内容策划，同理运营者如果围绕热点进行直播评论，也能快速吸引大量用户。

专家提醒

在直播营销中,既要抓住产品的特点,又要抓住当下的热点,两者相结合才能产生最佳的宣传效果,打造出传播广泛的直播。例如,在里约奥运会期间,各大商家紧紧抓住相关热点,再结合自家产品的特点进行了别具特色的直播。

一个专卖家具的天猫旗舰店的直播紧密围绕"运动"这一热点来展开,其主题就是"家具运动会,全家总动员"。在直播中,主播通过聊奥运热点、趣味事件的方法与用户进行互动,同时在评论区围绕自家的家居产品,极力推销优势产品。比如,如何躺在舒适的沙发上观看奥运直播、怎样靠在椅子上聊奥运赛事等。

直播评论如果能够将产品特色与时下热点相结合,就能让用户既对你的直播全神贯注,又能被你的产品吸引,从而产生购买的欲望。

10.2.2 找痛点满足用户需求

运营者不仅要在内容营销时抓住用户的痛点,同样地在对直播进行评论时也要找到用户的痛点,通过满足用户评论里面的需求来吸引用户的关注。这一点在自我评论、引导用户购买商品时尤其重要。其中最重要的是能解决用户的痛点问题。

如图10-4所示,运营者便从用户个子比较矮、衣服不好搭配这个角度出发进行了评论,让用户觉得这些问题都能得到解决。

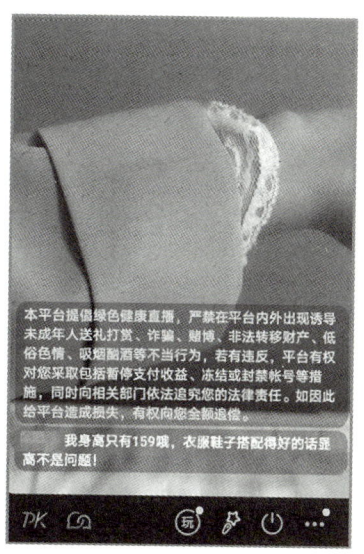

图10-4 从痛点出发进行评论

专家提醒

虽然这是从痛点出发进行的评论,但也满足了用户想通过衣服搭配显高的需求。所以,部分用户在看到该评论之后进行了点赞。可以想象,如果用户对于衣服搭配看起来显高有需求,那么在看到该评论之后,对直播中的服饰的需求会有所提高。在这种情况下,直播中服饰的销量也就更有保障了。

10.2.3 寻评论痒点提高意愿

可能部分运营者看到标题之后,对于"评论痒点"会有一些疑惑。究竟什么是"评论痒点"呢?简单理解就是一个让人看后觉得心里痒痒的,忍不住想要进行评论的关键点。

有"痒点"的评论,不仅可以快速吸引用户的关注,让评论的内容被更多用户看到,而且还可以通过用户回复评论,提高用户的参与度和直播的热度。

直播的评论量能够从一定程度上体现出直播的价值,通常来说,评论量越多的直播间,获得的流量就越多,直播的价值也就越高。

图10-5所示为某直播的评价界面。可以看出,除了评论之外还有部分用户正在购买,这在一定程度上也能体现出直播间的价值。其中有一个用户评论"9号

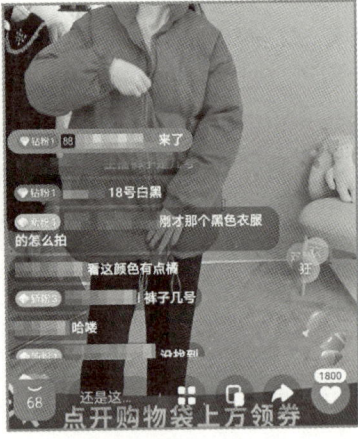

图10-5 有"痒点"的直播评论

看看"，当你看到这条评论时，就会对9号衣服产生一种好奇感，这就是我们所说的"痒点"。

10.2.4　用搞笑语言带来快乐

纵观直播上的评论，许多被称为"神评论"的文案都带有搞笑的成分。这主要是因为幽默风趣的语言可以给人带来快乐，而快乐又是没有人会拒绝的。所以，当看到非常搞笑的评论时，大多数用户都会主动点赞或者"跟风"。而随着"跟风"数量的快速增加，一条看似普通的评论也就成了"神评论"。

10.2.5　展示自身才华

通常来说，越热门的直播内容，评论的数量就会越多，而你的评论要想从中脱颖而出也会更难。此时，如果你的评论内容和别人的评论内容相差无几，那么你的评论很可能会被许多人直接无视。

所谓的"才气"，就是让人看完之后，觉得你的评论是有一定文化底蕴的。在评论中显示才气的方法有很多，既可以引经据典地进行论述，也可以直接通过诗文展示自身的才华。

专家提醒

一条直播评论要想快速吸引用户的目光，就必须带有一定的亮点。这个亮点包含的范围很广，既可以是迎合了热点、击中了痛点、提供了痒点，也可以是表达幽默风趣，还可以是充满了才气。

10.3　评论场景：打造活跃的直播评论区

打造活跃的评论区主要可以起到两个方面的作用，一是增加与用户的沟通，做好用户的维护，从而更好地吸引用户关注账号；二是随着评论数量的增加，直播的热度也将随之而增加，这样一来，直播将获得更多的流量，营销效果也会更好。

那么，运营者要如何打造活跃的直播评论区呢？下面将为大家介绍5种方法。

10.3.1 直播内容能够引起用户讨论

图10-6 选择能引起用户讨论的直播内容

许多用户之所以会对直播进行评论，主要就是因为他对于直播中的相关内容有话要说。针对这一点，运营者可以在打造直播时，尽可能地选择一些能够引起用户讨论的内容。这样做出来的直播自然会有用户感兴趣的点，而用户参与评论的积极性也会更高一些。

例如，爱情自古以来就是一个能够引起广泛关注的话题，也是每个人都极力追求的。但是，现实与理想之间却存在了一些差距，现实中的很多爱情并非那么美好。比如，有的人在爱情中太过偏执、控制欲太强，甚至爱得太过疯狂。于是部分运营者据此打造了直播内容。

图10-6所示为某情感直播的播放和评论界面。抒情的音乐加上主播温柔的声音，很容易引导用户走进自己的感情世界，与主播一起分享自己的爱情故事，从而达到提升直播间人气的目的。

专家提醒

因为每个人对于爱情都有自己的看法，再加上看完直播之后，心中有一些感触，因此用户纷纷发表评论。于是该直播快速获得了超过两万条评论，而该直播也因此快速成为热门直播。

10.3.2 设置互动话题引导主动评论

在直播平台中,有一部分人在刷直播时会觉得打字有些麻烦。除非是看到了自己感兴趣的话题,否则他们可能没有心情,也没有时间对直播进行评论,这样就会拉低直播间的人气。

为了更好地吸引这部分直播用户积极主动地评论,运营者可以在直播中设置一些用户都比较感兴趣的互动话题。

专家提醒

其实每个人都有表达需求,只是许多人认为,如果涉及的话题自己不感兴趣,或者话题对于自己来说意义不大,那么就没有必要花时间和精力去表达自己的意见了。

因此,直播运营者如果要想让用户积极地表达,就需要通过话题的设置先勾起用户的表达兴趣,也可以在直播界面设置一些能凸显主题的贴图,或者和用户来一场互动小游戏,如图10-7所示。

图10-7 通过设置贴图和互动小游戏引导用户

10.3.3 直播内容门槛低且引发共鸣

做内容运营的运营者必须懂得一个道理，那就是每种内容能够吸引到的用户是不同的。同样是歌曲，能够听懂阳春白雪的人很少，注定会曲高和寡；而下里巴人虽然通俗，但是却能获得更多人的应和。

> **专家提醒**
>
> 做直播内容也是同样的道理。如果运营者做的是专业的、市场关注度不高的内容，那么做出来的直播有兴趣看的人可能就很少，而对直播间进行评论的人就更少了。
>
> 相反，如果运营者做的是直播用户普遍关注的，并且是参与门槛低的内容，那些有共鸣的用户，自然而然就会对直播进行评论。因此，运营者如果想让直播获得更多的评论，可以从内容的选择上入手，重点选择一些参与门槛低的内容，通过引发用户的共鸣来保障直播的评论量。

最近，越来越多的人在哔哩哔哩平台上进行学习直播。于是，哔哩哔哩平台就掀起了一波"直播学习热"，如图10-8所示。这种学习类直播门槛低，只要你想学习，哪怕是和用户一起自习，也能获得不低的人气。

图10-8　通过参与门槛低的内容引发共鸣

> **专家提醒**
>
> 这一类型直播就是帮助那些在学习上不太自律的用户养成习惯,而在直播间内用户可以发表评论分享自己的学习经验。所以,该类型直播发布之后,很快就引发了许多用户的共鸣,而该直播的评论量也在短期内实现了快速增长。

10.3.4 提问方式吸引用户回答问题

相比于陈述句,疑问句通常更容易获得回应。这主要是因为陈述句只是一种陈述,其中并没有设计参与环节。而疑问句则是把问题抛给了用户,这实际上是提醒用户参与互动。因此,在直播评论中运用提问的方式进行表达,可以吸引更多用户回答问题,从而直接提高评论的数量和评论区的活跃度,如图10-9所示。

从图10-9中可以看出,主播并没有直接采用11号铃音,而是询问用户吸引用户参与,并且主动关心用户"怎么拿到小心心的",表现出主播一直在关注直播间,体现了主播对用户的重视。

直播运营者的评论和回复内容又带有"作者"或者"房"的标志,所以,用户一眼就能看到运营者的重要评论和回复内容。因此,运营者如果在评论区提问,那么提问内容会被大部分,甚至是所有看评论的用户看到。

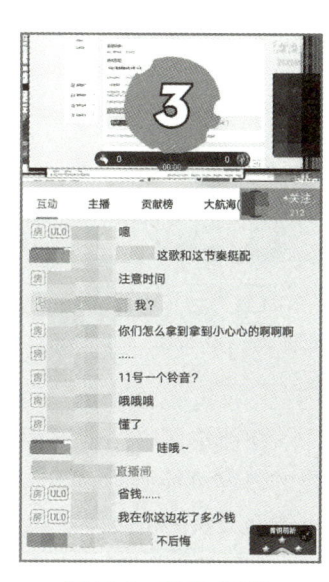

图10-9 提问式评论吸引用户回答

在这种情况下,许多直播用户如果对提问的内容感兴趣,就会积极回答。这样一来,评论区的活跃度便得到了提高,评论区的气氛也会变得更加活跃。

10.3.5 场景化回复吸引用户

场景化的回复,简单的理解就是结合具体场景做出的回复,或者能够通过回复内容想到具体的场景。例如，在通过回复评论向用户介绍某种厨具时，如果把该厨具在什么环境下使用、使用的具体步骤和使用后的效果等内容进行说明，那么回复内容便变得场景化了。

相比于一般的回复，场景化的评论在用户心中构建起了具体的场景，所以用户看到回复时，更能清楚地把握产品的具体使用效果。而大多数直播用户对于产品在具体场景中的使用又是比较在意的，因此场景化的回复往往更能吸引用户的目光。

图10-10所示为某品牌推广烤箱的案例。运营者用烤箱制作月饼，将烤箱放入具体的使用环境中，这样用户既能看到烤箱的质量，又能参与烤月饼的过程，并在评论区分享自己的制作喜好。

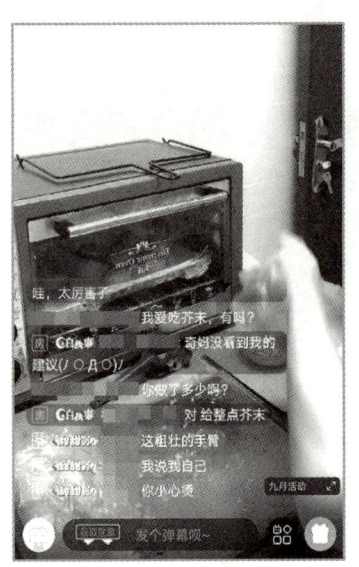

图 10-10　某品牌推广烤箱的案例

回复评论：6大用户评论注意事项

在评论区的运营过程中，回复用户的评论很关键。如果回复得好，那么回复的内容可能会为直播带来更多的流量；如果回复得不好，那么回复的内容很可能会为账号带来一些"黑粉"。

具体来说，运营者要如何做好直播评论的回复呢？笔者认为，运营者一定要了解回复用户评论的注意事项，并据此进行评论区的运营，下面将介绍回复评论时的6大注意事项。

10.4.1　认真回应观点

在对直播评论进行回复时，既要注意"量"（回复的数量），也要注意"质"（回复的质量）。在笔者看来，高质量的回复应该是建立在认真回复用户观点的基础上的。如果你的回复与用户的评论毫不相关，那么用户就会觉得你的评论只是在敷衍他。因此，对于这种没有质量的回复，大部分用户通常是不会买账的。

其实，要保证回复内容的质量也很简单。一种比较有效的方法就是针对用户评论中的重点内容进行回复。

10.4.2 寻找话题讨论

在10.3.2中曾提到，用户对于自己感兴趣的话题，会更有表达观点的意愿。但是对于直播中的话题，有的用户可能并不是太感兴趣。此时，运营者便可以通过评论区来寻找话题，让更多用户参与到话题中，从而让用户的评论能够继续下去。

在评论区寻找话题的方法有两种，一种是运营者主动创造话题，另一种是通过用户的评论来挖掘新话题。当用户对某个话题普遍比较感兴趣时，运营者便可以将该话题拿出来，让所有直播用户共同对该话题进行讨论。如图10-11所示，主播可以从评论中挖掘出生日的话题。

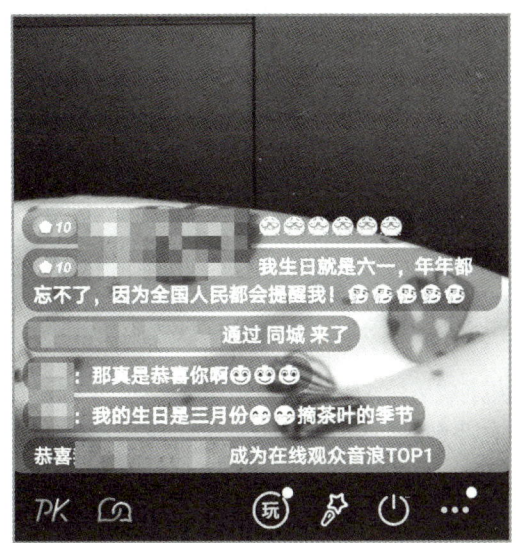

图10-11　从评论中寻找话题的案例

10.4.3 点赞风趣语言

语言的表达是有技巧的，有时候明明是同样的意思，但是因为表达方式的不同，最终产生的效果也会产生很大的差距。通常来说，风趣的语言表达会比那些毫无趣味的表达更能吸引直播用户的目光，也更能获得用户的点赞。

因此，在回复直播用户的评论时，运营者可以尽量让自己的表达更加风趣一些，通过风趣的表达来获得直播用户的点赞。

图10-12所示为某直播的评论界面，可以看到该运营者的回复在语言的表达上比较风趣。也正因为如此，用户看到直播运营者的回复之后纷纷用点赞来表达自己的态度。

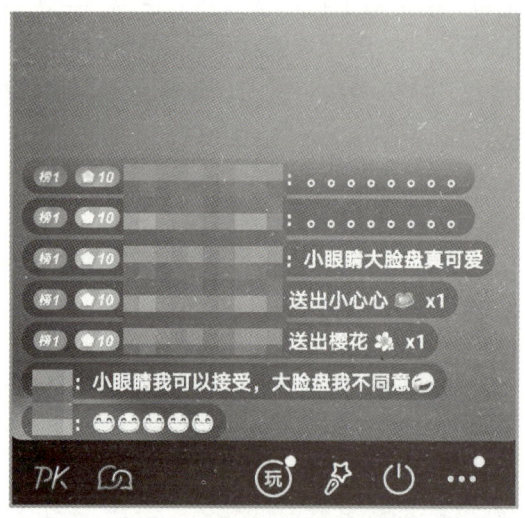

图10-12 用风趣的语言吸引点赞

10.4.4 细节转化粉丝

俗话说"细节决定成败"，如果在直播运营过程中对细节不够重视，那么用户就会觉得运营者有些敷衍。在这种情况下，直播的用户很可能会快速流失，相反，如果运营者对细节足够重视，用户就会觉得你在用心运营。而直播用户在感受到你的用心之后，也会更愿意成为你的粉丝。

在评论过程中，选择评论的对象很关键。怎样选择评论的对象呢？一种比较有效的方式是选择同领域的大号进行评论。

也正是因为这些账号的粉丝比较多，所以其发布直播的流量通常也比较多。这样一来，你的评论自然就会被更多直播用户看到了，然后再通过你的评论进入你自己的直播间。这也是运营者在粉丝转化时值得注意的细节之一。

例如，在虎牙APP平台上，动漫音乐类直播运营者在选择评论对象时，可以通过搜索"动漫音乐"，查看相关直播用户，如图10-13所示。通常来说，搜索结果中排在前面的都是一些粉丝量比较多的直播账号，这一点从图中就不难看出。

图 10-13　搜索"动漫音乐"查看相关用户

在找到了同领域的大号之后，接下来运营者便可以点击对应的账号进入其主播界面。主播界面会显示该账号发布的全部直播回放，并且会显示直播的回放次数，如图 10-14 所示。

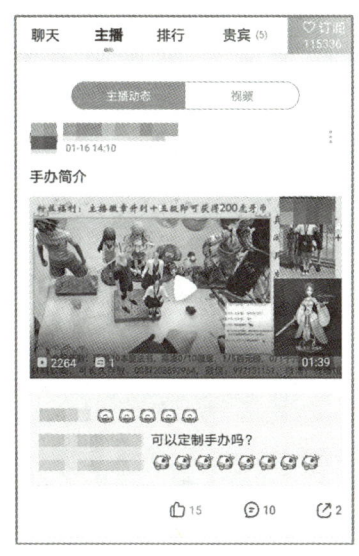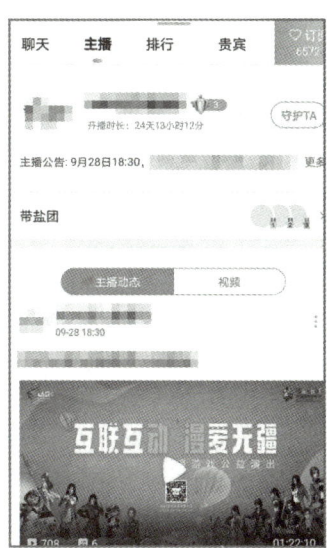

图 10-14　主播界面

这时候,你就可以选择排在前面的直播回放进行评论。因为排在前面的直播要么是该账号置顶的直播回放,要么是该账号最近发布的直播。但无论是哪种情况,排在前面的直播都会比排在后面的直播更易获得流量。

这主要是因为大多数人在看一个账号的直播时,可能会重点看几个直播回放,而排在前面的直播一眼就被看到了,因此被点击查看的可能性会大一些。

另外,因为这些用户也对同类型的直播内容感兴趣,所以对于运营者来说,这些被吸引过去的直播用户都是精准的用户。

上面我们讲述了第一种方法,可以通过搜索领域的大号的直播进行评论,还有一种方法就是可以选择点赞数多的直播进行评论。

通过搜索选择点赞数多的直播,就是通过关键词搜索直播间,然后从搜索结果中选择点赞数量较多的那个。例如,在抖音直播平台中,搜索与"美食"相关的直播,便可以看到如图10-15所示的搜索结果界面。

图10-15 搜索"美食"相关的直播

专家提醒

通常来说,在从搜索结果中选择要评论的直播时,可以优先选择排在搜索结果前面的直播。这主要是因为排在搜索结果前面的直播,点赞量通常都比较多,而且其发布时间也相对较近,直播质量较高,评论也相对较多,所以这种直播会更容易获得用户的关注。

图10-16所示为在抖音直播平台中搜索"美食"显示的排在前面的直播间,可以看到这个直播间的观看人数还是非常可观的,而且不断有新用户进入观看直播。毫无疑问,这条直播吸引的流量是十分巨大的。

 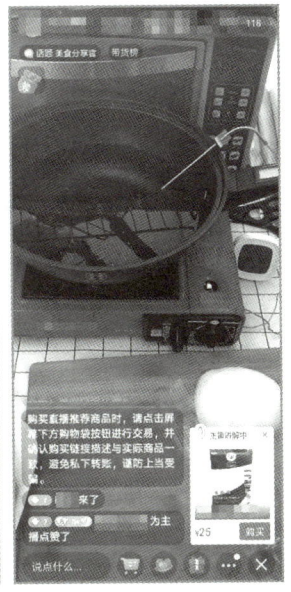

图 10-16　搜索"美食"显示的排在前面的直播

以上这两大选择评论对象的细节做好了,也能给你的直播间带来巨大的流量。

另外,如何让尽可能多的用户搜索到运营者的直播间,这也是值得注意的一个细节。下面总结了一些让主播人气暴涨的技巧,如图 10-17 所示。

同城定位	主播可以开启直播间的同城定位功能,吸引更多附近的用户观看直播,如果附近的人比较少也可以切换定位地点
直播预告	主播可以提前发布直播预告动态,告诉粉丝你的直播时间和主要内容
开播时间	主播必须根据自己的用户群体属性来确定开播时间,确保在开播时粉丝也有空,这样直播时才会有更多粉丝观看
标题封面	好看的封面能够让直播间获得更多曝光,标题则要尽量突出主播的个人特点和内容亮点,展示直播的主要内容
分享直播间	当主播开播后,可以引导用户将直播链接分享给好友,同时充分展示自己的才艺,通过各种互动玩法提升直播间的人气

图 10-17　让主播人气暴涨的技巧

10.4.5 切勿吐槽互喷

在现实生活中会有一些喜欢"抬杠"的人,而在网络上,也有许多"畅所欲言"的"键盘侠"。对于这些喜欢吐槽,甚至是语言中带有恶意的人,运营者一定要有良好的心态。千万不能因为这些人的不善而与其"互喷",否则,许多用户可能会成为你的"黑粉"。

其实,在面对直播用户带有恶意的评论时,不与其"互喷",而是以良好的心态进行处理,也是一种有素质的表现。这种素质有时候也能让你成功获取用户的关注。那么,在面对用户的吐槽时,要如何进行处理呢?在这里,笔者就给大家提供两种方案。

一种方案是用幽默的回复面对吐槽,在回复用户评论的同时,让直播用户感受到你的幽默。

图10-18所示为某直播间主播的幽默回复,因为许多用户在评论区吐槽直播中出境的女性长得不是很好看,说主播承受的太多了。而主播看到这些评论时,不仅不生气,反而用比较幽默的表达积极进行回复,还用表情包缓和气氛。许多原本带有恶意的用户,在看到其回复之后,也不禁生出了一些好感。

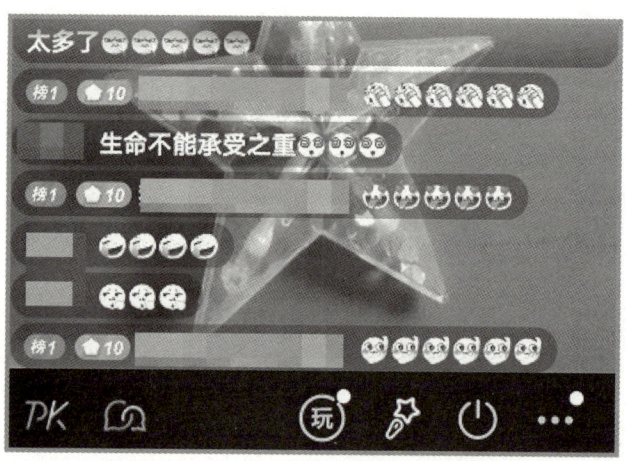

图10-18　某直播间主播的幽默回复

另一种方案是对于恶意的吐槽,直接选择不回复,避免造成语言上的冲突。

专家提醒

在实际操作时,运营者也可以将这两种方案结合使用。比如,当吐槽比较多时,可以用幽默的表达回复排在前面的几个评论。而那些排在后面的吐槽,直接选择不回复就好了。

10.4.6 检查评论内容

运营者在回复用户的评论时,要做好回复内容的检查工作,尽可能地减少回复内容的错误。这一点很重要,因为如果运营者的回复中出现了错误,用户就会觉得运营者在回复直播评论时不够用心。

那么如何做好回复内容的检查工作呢?笔者认为,在检查回复内容时,需要重点做好两项内容的检查。一是文字,二是排版。

图10-19所示为某直播的评论界面。可以看到,该直播的运营者在回复评论时将"纯手工"写成了"存手工",这是明显的文字错误。

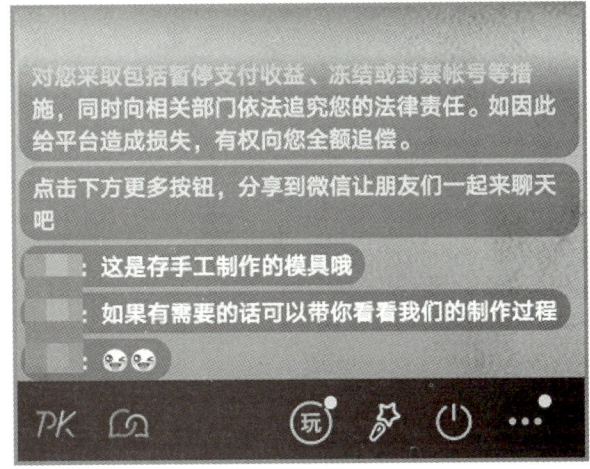

图10-19 文字错误示例